"十四五"职业教育国家规划教材

职业教育旅游服务与管理类专业系列教材

餐饮服务实训教程

主　编　王海霞

副主编　马　凯　李　艳

参　编　缪海欣　高　晶　周　薇

電子工業出版社

Publishing House of Electronics Industry

北京·BEIJING

内容简介

本书是酒店服务与管理专业餐饮服务方面的实训教程。

本书在进行酒店餐饮部门调研的基础上，结合餐饮岗位的实际需求编写而成，旨在让读者达到餐饮服务岗位的基本要求。全书分为6个模块、11个实训，内容涵盖餐厅服务、自助餐服务、客房送餐服务、会议服务。实训包括工作情境、工作分析、工作内容、相关知识、技能训练、思考练习。

本书特色：一是采用工作单形式，二是以餐厅服务为主线体现技能，做到简洁、清晰、全面。宴会服务是餐饮服务的重要部分，但内容繁杂，本书把其知识点以附录的形式体现。

本书既可作为中等职业学校酒店服务与管理专业的教材，也可作为酒店岗前、在岗人员培训与自学用书。

图书在版编目（CIP）数据

餐饮服务实训教程 / 王海霞主编. —北京：电子工业出版社，2020.11

ISBN 978-7-121-39893-3

Ⅰ. ①餐… Ⅱ. ①王… Ⅲ. ①饮食业—商业服务—中等专业学校—教材 Ⅳ. ①F719.3

中国版本图书馆 CIP 数据核字（2020）第 214404 号

责任编辑：王志宇
印　　刷：北京盛通数码印刷有限公司
装　　订：北京盛通数码印刷有限公司
出版发行：电子工业出版社
　　　　　北京市海淀区万寿路 173 信箱　邮编　100036
开　　本：787×1 092　1/16　印张：9.25　字数：236.8 千字
版　　次：2020 年 11 月第 1 版
印　　次：2025 年 7 月第 6 次印刷
定　　价：28.00 元

凡所购买电子工业出版社图书有缺损问题，请向购买书店调换。若书店售缺，请与本社发行部联系，联系及邮购电话：（010）88254888，88258888。

质量投诉请发邮件至 zlts@phei.com.cn，盗版侵权举报请发邮件至 dbqq@phei.com.cn。

本书咨询联系方式：（010）88254523，wangzy@phei.com.cn。

前言

《餐饮服务实训教程》是酒店服务与管理专业的专业课程。教材在深入企业调研的基础上，与酒店岗位接轨，本着“以就业为导向，以能力为本位，以学生为主体”的教学指导思想，培养学生的餐饮服务职业素养、职业能力及创新能力，使学生具备餐饮服务员必备的基本技能和基本知识，掌握餐饮服务基本程序与方法，使学生具备熟练的服务技能。

教材采用工作单模式、以工作流程为导向的纵向教材结构。以工作过程的技能训练为主线，以相关知识为支撑。在教材素材的选择上，力求来源于经营管理实际。在教材内容的筛选上，应用职业分析方法，将典型的工作过程和成熟的最新成果纳入教材，充分考虑了国家职业资格标准，有较强的实践指导性，有效促进了职业能力的拓展。

本书以中餐零点餐厅服务为主线体现技能，并在附录中加入中、西餐宴会的相关知识，辅以自助餐服务、客房送餐服务、会议服务等。努力做到技能标准规范、操作要求严格、工作过程严谨，使学生能够胜任各种类型的餐饮服务工作。

教材工作单式的结构设计，不但符合职业教育实践导向的教学指导思想，还将通用能力培养渗透到专业能力教学当中。每个工作单由以下部分组成。

- 工作情境：精心设计场景和事件，使餐饮服务中的工作情境能形象生动地呈现，明确要完成的工作情境。
- 工作分析：通过对工作内容的分析，使学生轻松学会完成工作任务的一般性方法，并培养解决问题的能力。
- 工作内容：通过这一环节的学习，熟悉完成工作任务需要的工作过程与方法。
- 相关知识：通过这部分内容的学习，使读者了解必备、够用的餐饮知识。
- 技能训练：大多采用小组合作完成训练任务，使学生迅速掌握技能操作的方法和技巧，同时学会合作、沟通，内外兼修提升职业素养。
- 思考练习：提出问题，巩固所学知识，对本部分知识进行拓展延伸。

《餐饮服务实训教程》教材特点如下：

1．采用工作单式的教材模式，以餐饮服务工作过程为教材结构。

2．提供技能训练方法、训练要求，做到每个单元有综合实训评价。

3．专业理论知识以“相关知识”的形式体现，以够用、实用为原则。

4．每个模块的“综合评价”可检验学习效果，促进职业能力的发展。

5．服务过程的策划，体现创新意识，有助于培养学生的创新能力。

6．注重与职业资格鉴定的衔接，增强教学内容的实用性、有效性。

7．与酒店岗位紧密结合，缩短学校教学与实际岗位需求间的差距。

本书主编王海霞，副主编马凯、李艳。参与本书编写的还有哈尔滨市现代应用学校缪海欣、高晶，哈尔滨劳动技师学院周薇。王海霞对全书进行统稿。在编写过程中还得到了哈尔滨百年老店马迭尔宾馆的大力支持，在此表示感谢！

由于编者水平有限，书中难免有不足之处，敬请广大读者不吝指正。

王海霞

目　录

第一部分　餐厅服务

第二部分　其他服务

第一部分
餐厅服务

此处只讲零点餐厅服务。零点餐厅即点菜餐厅，是指宾客随意点菜，按数结账，自行付款的餐厅，是酒店餐厅的重要形式。主要接待零散宾客。特点是宾客复杂，需求不统一，菜肴品种较多，用餐时间交错，工作量大。通常星级酒店都设有风格不同、大小不一的零点餐厅。酒店中的各类中餐厅、西餐厅都属此类。零点餐厅服务要做到迅速、周到、准确、有序，以适应不同宾客的消费需求。

模块一

餐 前 工 作

餐前工作预示着餐饮服务的开始，是餐饮服务的基础。其中预订服务是宾客与餐厅最早发生接触的服务环节，会让宾客形成对餐厅服务的第一印象。充分的餐前准备工作是餐饮服务过程顺利的前提。因此餐前工作在餐饮服务中是非常重要的一个环节，体现了餐饮服务专业水平的高低及酒店服务质量的优劣，应引起餐厅足够的重视。本模块学习要掌握预订服务的程序与标准，了解餐前准备的内容，掌握餐前准备的操作程序与标准。

学习目标

1. 能处理不同形式的餐厅预订工作。
2. 能按照服务规范和宾客预订做好餐前准备工作。
3. 能达到中、西餐餐厅零点摆台的规范操作。

实训一　预订服务

工作情境

上午 10:00，××酒店中华礼仪厅预订员小王接到一个订餐电话，××集团股份有限公司将在今天晚上 6:00 进行宴请活动。该公司要预订一个餐台，小王就相关事宜与宾客进行了沟通，圆满完成了本次预订任务。

工作分析

在接受预订过程中，要认真倾听，了解宾客的需求，征求宾客意见，安排相应的包房或餐台及其他事项。注意强调预订餐位的保留时间，准确记录预订内容，以良好的服务态度对待宾客的预订。

工作内容

预订服务工作流程：

问候宾客→了解需求→接受预订→预订通知→预订记录。

预订服务具体工作见表 1-1。

表 1-1　预订服务

<table>
<tr><th>工 作 流 程</th><th colspan="2">工 作 内 容</th></tr>
<tr><td rowspan="2">问候宾客</td><td>电话预订
（见图 1-1）</td><td>1．电话铃响三声之内接听电话
2．主动地向宾客礼貌问好，并准确报出餐厅名称及自己的姓名
3．及时表示愿意为宾客提供服务，如有什么事情需要帮忙？或很高兴为您服务</td></tr>
<tr><td>当面预订
（见图 1-2）</td><td>1．当宾客来到餐厅，迎宾员首先礼貌地问候宾客
2．当知道宾客是来订餐时，要主动向宾客介绍自己，并表示愿意为宾客服务
3．如果餐厅设有专职订餐员，要及时引领并做好交接介绍</td></tr>
<tr><td>了解需求</td><td colspan="2">1．礼貌地问清宾客姓名，对报出姓名的宾客，应称呼其姓名，以示对宾客的尊重
2．仔细聆听宾客介绍，了解宾客的身份、用餐日期及时间、宴请对象、人数、台数及其他要求
3．征得宾客的同意后为其安排相应的包房或餐台，并告知宾客房号或台号
4．大型宴会的预订，要请宾客进行面谈</td></tr>
<tr><td>接受预订</td><td colspan="2">1．复述预订的内容，并请宾客确认
2．请宾客留下电话、姓名
3．告知宾客，预订餐位最后的保留时间
4．向宾客致谢并道别</td></tr>
</table>

续表

工 作 流 程	工 作 内 容
预订通知	1. 填写预订单 2. 定好菜单的预订或大型宴会的预订，立即通知餐厅经理、厨师长、采购部门 3. 未订标准或菜单的预订，只通知餐厅即可 4. 有特殊要求的预订，要及时通知餐厅总领班和厨师长
预订记录	1. 将预订的详细内容记录在预订登记本上 2. 零点餐厅预订登记本一般每月一本，用后存档

图 1-1　电话预订

图 1-2　当面预订

相关知识

一、预订方式

餐厅的预订通常有当面预订、电话预订、网络预订（见图 1-3）等多种方式。

二、预订内容

1. 宾客预订的用餐日期及时间。
2. 用餐人数及标准。
3. 订餐宾客姓名、单位、联系电话及电话传真号码。
4. 餐厅相关要求、其他服务项目或宾客的特殊要求。
5. 用餐标准、菜单、酒单的确定。

图 1-3 网络预订

三、预订要点

1. 预订是对订餐宾客的一种承诺，因此在约定的时间内必须为宾客保留餐位。

2. 在餐厅实际接待服务中，常常出现宾客预订后未按约定时间到达，宾客预订后不来就餐，宾客用餐时间超出预计的时间而影响到其他宾客不能按时就餐的现象。所以餐厅在为宾客预订餐位时，应强调时间的重要性，主动告知宾客为其保留座位的时间期限，超过保留期限的餐位会让给其他宾客使用。

3. 对重要宾客的预订要主动了解实际到达酒店就餐的时间和变更情况，以便保证餐厅正常营业和服务质量。

4. 餐厅如有特殊情况需要更改宾客预订的时间和地点，要事先征得宾客同意，更改后的标准和条件应有一定的优惠，并达到宾客的要求。

5. 预订人员要精通预订业务。预订服务应注意服务的主动性，以良好的服务态度尽量满足宾客的需求。避免接听电话不及时，未使用礼貌用语，无法满足宾客要求时立即回绝而没有提出替代性建议，对宾客的预订没有进一步确认，对宾客的具体要求不做详细记录等。

6. 餐饮预订需记录的内容较多。预订时，每一项都要向宾客询问清楚，尤其是宾客提出的特殊要求一定要做好记录，逐项填写在预订登记表上，见表 1-2。

表 1-2　餐位预订登记表

年　月　日　　No.

包　　间	餐　　别	姓　　名	人　　数	客到时间	联系方式	代订人	备　　注
特色 1	午 餐						
	晚 餐						
特色 2	午 餐						
	晚 餐						
特色 3	午 餐						
	晚 餐						
特色 4	午 餐						
	晚 餐						
特色 5	午 餐						
	晚 餐						

服务情境对话——Reservation 预订

W:Waiter　G: Guest

W: Good morning , western restaurant.
您好!西餐厅。

G: I'd like to reserve a table for four tonight.
我想订一张今天晚上的 4 人桌。

W: What time do you like for your order?
订什么时候的?

G: Around Seven.
大约 7:00 吧。

W: May I have your name, please?
请问您怎么称呼?

G: Tom Cruise.
汤姆·克鲁斯。

W: Mr. Cruise, a table for four at 7 o'clock this evening. Is that right?
克鲁斯先生，一张今晚7时的4人桌，对吗？

G: That's right. By the way, when do you close tonight?
对。还有，你们何时关门？

W: We are open until ten in the evening.
我们的营业时间至晚上10:00。

W: We'll keep your table until 8 o'click in the evening.
我们将为您保留餐位到晚上8:00。

G: Thank you.
谢谢。

W: Thanks for calling. We look forward to your visit.
谢谢您的来电，我们期待您的到来。

技能训练

训练项目：

零点餐厅预订。

训练方法：

角色扮演、情境导入。

一名学生扮演预订员，另一名学生扮演订餐宾客，模拟电话订餐和当面订餐。

训练要求：

1. 服务语言准确、精练、有礼貌。
2. 按预订操作程序细节进行。
3. 表情亲切，姿态优雅。

实训测试：

由教师给出测试标准，并组织学生对实训项目进行测试与评价。

思考练习

1. 餐厅预订的方式有哪些？
2. 预订服务的程序是什么？

实训二　餐前准备

工作情境

××公司在某酒店中餐厅国色天香包房预订了晚宴，宴请将在今晚 6 时准时开始。现在是下午 3 点，服务员在做餐前准备。

工作分析

在这一环节，服务员要明确工作任务，搞好餐厅环境卫生，准备用餐所需要的餐具、酒具及各类服务用品，并做好餐厅台面的装饰摆放等。

工作内容

餐前准备工作流程：

餐前会→清洁卫生→摆台→备餐柜准备→检查→准备迎接宾客。

餐前准备具体工作见表 1-3。

表 1-3　餐前准备

工作流程	工作内容
餐前会	由餐厅经理或领班负责。总结前一天的工作，分配当日具体工作任务，讲解时间安排和质量方面的标准，检查服务人员仪容仪表
清洁卫生（见图 1-4）	1．餐厅大门及周围环境干净整齐，地面、餐桌椅等干净无尘 2．备餐柜、服务车、转盘等餐用具符合卫生要求 3．保持各种餐具、棉织品等的清洁卫生
摆台	1．符合预订及零点餐的要求 2．餐具定位准确，距离相等，所有餐具横竖成一直线 3．餐具干净卫生，无破损

续表

工 作 流 程	工 作 内 容
备餐柜准备	物品齐全，分类摆放，干净整齐，使用方便
检查	1. 开餐前1小时检查所有照明设备、空调、背景音乐开关及音响设备是否正常，发现问题及时报修 2. 检查预订摆台所摆餐位是否符合预订人数，摆放是否符合要求 3. 指示牌、客用菜单干净，内容正确无误 4. 餐台鲜花新鲜、美观，无宾客禁忌
准备迎接宾客	一般由迎宾员在开餐前5 min站在餐厅门口，准备迎接宾客

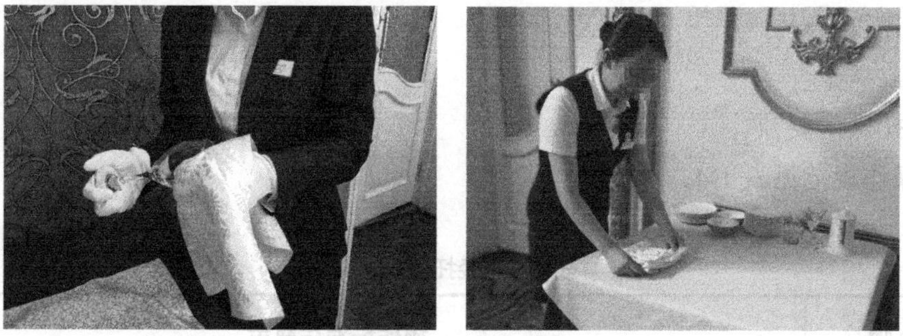

图1-4 清洁卫生

相关知识

一、托盘

托盘是餐厅运送各种物品的基本工具。正确使用托盘是餐厅服务人员必备的基本技能，可以提高工作效率、提高服务质量、规范餐厅服务工作。

1. 托盘种类

常见的托盘有塑胶托盘、不锈钢托盘、银托盘、木托盘等，分为大、中、小三种规格，其形状有圆形、椭圆形、长方形等。

2. 托盘的操作方法

托盘按承载物重量分为轻托和重托两种。

（1）轻托（见图1-5）又称胸前托，是指所托物品重量在5 kg以下。其操作要领为：左手五指自然分开，掌心向上，手掌心不与托盘底部接触，五指和掌根掌握托盘平衡，手臂自然弯曲成90°，平托略低于胸前。

（2）重托（见图1-6）又称肩上托，是指所托物品重量在5 kg以上。其操作要领为：用双手将托盘移至工作台外，右手拿住托盘的一边，左手五指分开，在右手的帮助下托住盘底，同时左手向上弯曲臂肘，向左后方旋转 180°，擎托于肩外上方，手掌略高于肩 2 cm，右手自然摆动或扶住托盘的前内角。现在餐厅多用送餐车，较少使用重托。

图 1-5　轻托

图 1-6　重托

3．轻托操作要领

轻托操作规范见表 1-4。

表 1-4　轻托操作规范

步　骤	操作标准与要求
理盘	根据装运物品选择托盘 1．洗净、擦干，保持托盘干净 2．可以垫上垫巾防滑，将垫巾平铺拉齐
轻托装盘 （见图 1-7）	根据物品形状、体积、使用先后顺序等进行合理装盘 1．较重、较高的物品放里档，较轻、较低的物品放外档 2．先用的物品放前边、上边，后用的物品放里边、下边 3．物品重量分布均匀
轻托起盘 （见图 1-8）	1．先将托盘的 1/3 拖至操作台外 2．左手五指张开，掌心向上，右手握住托盘边向操作台外拉 3．如托盘较重，则先屈膝，双腿用力使托盘上升，然后用五指和手掌根部托住盘底，掌心位于底部中间 4．上臂与前臂垂直平托于胸前 5．保持托盘的平稳，汤汁不洒、菜肴不变形
行走	1．行走时要注意周围情况，能较好控制行走速度 2．行走时两眼目视前方，靠右行走，尽量走直线 3．在通过门时要特别小心，避免发生碰撞

续表

步　骤	操作标准与要求
卸盘	1．左手托盘要保持平衡，用右手取物品上台或直接递给宾客，有时也可以让宾客自取 2．当盘内物品减少时，要随着重心的变化不断进行调整，保持托盘重心稳定，盘内物品不倾斜、不落地 3．托送到位时，将托盘放在服务台或其他空桌上，再徒手端送盘内物品

图 1-7　轻托装盘

图 1-8　轻托起盘

二、餐巾折花

餐巾是宾客用餐时的保洁方巾，可以标志宾主身份。其绚丽的色彩、逼真的造型可起到美化席面、烘托气氛的作用。

1．餐巾花的种类及特点

（1）按造型的外观分类，可分为动物类、植物类和实物类。

① 动物类：包括鱼虫鸟兽造型，取其特征，形态逼真，生动活泼，如孔雀、金鱼、蝴蝶、海鸥等。

② 植物类：包括各种花草、果实造型，其造型美观、变化多样，如荷花、玫瑰、竹笋、香蕉等。

③ 实物类：模仿自然界和日常生活中各种形态的食物造型，如扇面、和服、帆船、挪威冰川等。

（2）按摆放用具的不同分类，可分为杯花、盘花和环花。

① 杯花：特点是立体感强、造型逼真，但容易污染杯具，不宜提前折叠，折叠手法复杂，从杯中取出后易散形且褶皱感强。

② 盘花：特点是手法卫生简洁，美观大方。可以提前折叠，打开后平整，目前被中西餐厅广泛使用，代表着餐巾花的流行趋势。

③ 环花：将餐巾平整卷好或折叠成造型，套在餐巾环内。餐巾环也称为餐巾扣，有瓷制、银制、象牙、塑料等，也有的使用富有色彩感、有象征意义的丝带，可以配以鲜花。餐巾环花通常放置在装饰盘或餐盘上，特点是传统、简洁和雅致。

2．餐巾折花的基本手法和操作要领

餐巾折花基本手法见表1-5。

表1-5　餐巾折花基本手法

基本手法	操作标准与要求
折叠	最基本的餐巾折花手法。将餐巾一折为二，二折为四或折成三角形、四方形等其他形状。折叠时看准折缝和角度，一次折成
推折	推折是打折时应用的手法。分直推和斜推两种。直褶的两头大小一样。斜褶一头大一头小，形似扇状，推折时用斜面推折。斜面推折时，用一手固定所折叠的中心点不动，另一手按直推法围绕中心点沿圆弧形推折
卷	分平行卷（直卷）和斜角卷（螺旋卷）两种 1．平行卷时，餐巾两头一定要用力均匀，平行卷动 2．斜角卷可用左手拇指先按住餐巾巾角，用左手手指按住餐巾一边，然后用右手卷折餐巾另一边 3．不管是平行卷还是斜角卷，都要卷紧餐巾
翻拉	将餐巾折、卷后的部位翻或拉成所需花样，如花卉或鸟头、颈、翅膀、尾巴等 1．翻拉花卉的叶子时，要注意花叶对称一致、距离相等 2．翻拉鸟的翅膀或尾巴时，要拉挺
捏	主要用于做鸟或其他动物的头部造型。用拇指、食指将餐巾一个巾角的上端拉挺做头颈，食指向下，将餐巾的顶尖向里压下，再用拇指和中指将压下的角捏紧成造型
穿	用工具从餐巾的夹层褶缝中穿过去，形成褶皱，是使造型更加逼真美观的一种手法 1．穿时工具要光滑 2．拉折要均匀，边穿边收
注意事项： 1．操作前要先洗手。 2．在干净卫生的托盘或餐盘上操作。 3．操作时不允许用辅助物，更不准用嘴叼或口咬。 4．放花入杯时，注意卫生，手指不能触及杯口。 5．了解宾客对餐巾花款式的禁忌。 6．简化折叠方法，减少反复折叠次数。	

3．餐巾折花基本手法图示

（1）折叠（见图 1-9）

图 1-9　折叠

扫一扫 / 视频
（折叠）

（2）推折（见图 1-10）

推折—直折

推折—斜折

图 1-10　推折

扫一扫 / 视频
（推折）

（3）卷（见图1-11）

卷—平行卷

卷—斜角卷

图1-11　卷

扫一扫/视频
（卷）

（4）翻拉（见图1-12）

图1-12　翻拉

扫一扫/视频
（翻拉）

（5）捏（见图 1-13）

图 1-13　捏

扫一扫／视频
（捏）

（6）穿（见图 1-14）

图 1-14　穿

扫一扫／视频
（穿）

4．餐巾折花实例

（1）各款杯花如图 1-15～图 1-24 所示，造型名称为图名。

图 1-15　春芽四叶

扫一扫／视频
（春芽四叶）

扫一扫/视频
（冰玉水仙）

图 1-16　冰玉水仙

扫一扫/视频
（爱情玫瑰）

图 1-17　爱情玫瑰

扫一扫/视频
（仙人掌）

图 1-18　仙人掌

图 1-19　荷花

扫一扫 / 视频
（荷花）

图 1-20　花吐心蕊

扫一扫 / 视频
（花吐心蕊）

图 1-21　金鱼摆尾

扫一扫 / 视频
（金鱼摆尾）

扫一扫 / 视频
（双荷花）

图 1-22　双荷花

扫一扫 / 视频
（水上睡莲）

图 1-23　水上睡莲

扫一扫 / 视频
（单尾鸡冠花）

图 1-24　单尾鸡冠花

（2）各款盘花如图 1-25～图 1-30 所示，造型名称为图名。

扫一扫 / 视频
（冰山一角）

图 1-25　冰山一角

扫一扫 / 视频
（乘凉帐篷）

图 1-26　乘凉帐篷

扫一扫 / 视频
（和服）

图 1-27　和服

扫一扫/视频
（心心相印）

图 1-28　心心相印

扫一扫/视频
（洋蓟）

图 1-29　洋蓟

扫一扫/视频
（一帆风顺）

图 1-30　一帆风顺

（3）各款环花如图 1-31、图 1-32 所示，造型名称为图名。

扫一扫 / 视频
（扇面）

图 1-31　扇面

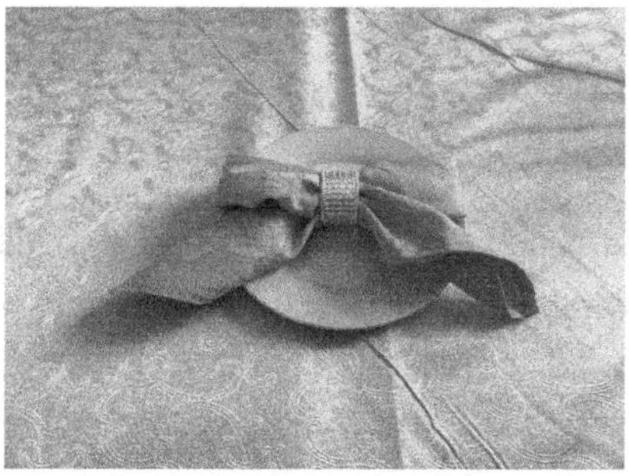

扫一扫 / 视频
（蝴蝶结）

图 1-32　蝴蝶结

5．餐巾折花形的选择与应用

餐巾花形的选择与应用如图 1-33 所示。一般应根据餐厅或宴会的性质、规模、规格、季节、来宾的宗教信仰、风俗习惯等因素来考虑，以取得布置协调美观的效果。总的原则如下。

一是根据餐厅的主题和性质选择色彩、质地和花形。

二是宴会应根据规模、规格、接待对象、席位安排和时节等选择色彩和花形。如大型宴会可选用简单、可提前准备的盘花；接待日本宾客不宜选用荷花；主位用花应美观醒目；婚礼可用玫瑰花、并蒂莲和鸳鸯等；圣诞节可选用圣诞靴和圣诞蜡烛等花形。

三是宴会选用杯花时，主位应稍高，摆放要注意卫生，并将观赏面朝向宾客座位，动物和植物花形可以搭配使用。餐厅或宴会选用盘花或环花时一般以一种或两种为宜，体现整齐划一，否则将杂乱无章。

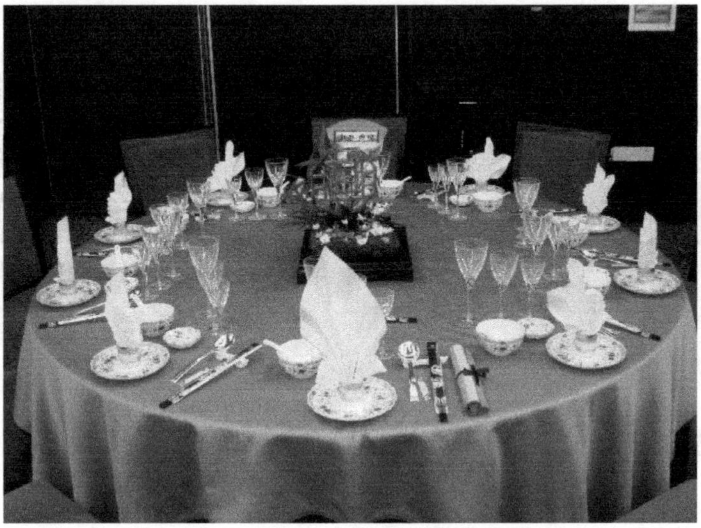

图 1-33　餐巾折花形的选择与应用

三、摆台

摆台是为就餐宾客提供必要的就餐用具，包括摆放餐桌、铺台布、安排座椅、准备餐具、摆放餐具、美化席面等。要求餐台摆放合理、符合习惯、餐具卫生、规格整齐一致，既方便用餐，又利于席间服务，同时富有美感。

（一）中餐零点餐台摆台程序与操作标准

中餐零点餐台摆台操作规范见表 1-6。中餐零点餐台摆台的用具摆放（示例）如图 1-34 所示。

表 1-6　中餐零点餐台摆台操作规范

程　序	操作标准与要求
铺台布	1. 位置：站在主人位 2. 方法：推拉式、抖铺式或撒网式 3. 标准：正面朝上，一次到位，台布十字折线居中，不偏斜；台布骨缝朝上，对准正副主人餐位；台布四角下垂均匀，一般以 20～30 cm 为宜；台布下垂四角与桌腿平行，与地面垂直
摆放转盘	1. 8 人以上餐台应摆转台 2. 转盘居中摆放，与餐台同心，注意检查转轨旋转是否灵活

续表

程　　序	操作标准与要求
摆放餐具	要求：使用托盘操作，从主人位置开始，按顺时针方向依次摆放。摆放餐具时要轻放，注意卫生标准要求 1．骨碟定位：拿住骨碟边缘，摆在席位正中，间距均等，离桌边 1.5 cm，店徽或造型图案应对正宾客餐位 2．摆放汤碗、汤勺及味碟：汤碗放在骨碟左上方 1 cm 处，汤勺放在汤碗里，勺把向左，味碟摆在骨碟右上方 1 cm 处，汤碗与味碟横向直径在一条直线上 3．摆放筷架、筷子：筷架摆在骨碟的右侧，距骨碟右侧边缘 3 cm，与汤碗与味碟的横向直径在一条直线上，图案向上，筷子后端距桌边 1.5 cm
摆放酒杯	一般只摆放软饮料杯，放在骨碟正前方。如宾客饮用葡萄酒或烈性酒，则另外提供酒杯
摆放茶碟及茶杯	茶碟摆放在筷子右侧 1 cm 处，下沿距桌边 1.5 cm，茶杯放在杯碟内，杯耳朝右，与筷架平行
折餐巾花	中餐零点餐台摆台一般摆设杯花，现在也流行摆放盘花
摆放公用餐具	8 人以上台面应摆放公用筷架，供主人为宾客布菜和其他宾客取菜用。在正副主人餐位酒具正上方或转台上摆放两套公用餐具，公筷、公勺放在公用筷架上
围椅	从主位开始，将餐椅正对餐位，椅子之间距离相等，与桌边相距 1.5 cm

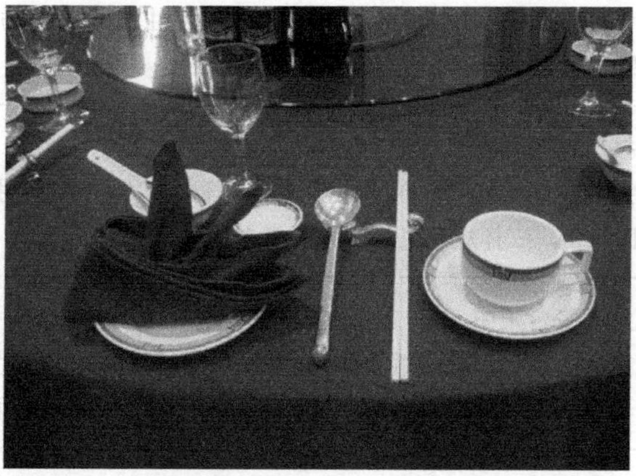

图 1-34　中餐零点餐台摆台的用具摆放（示例）

（二）西餐零点餐台摆台程序与操作标准

西餐零点餐台摆台操作规范见表 1-7。西餐零点餐台摆台的用具摆放（示例）如图 1-35 所示。

表 1-7　西餐零点餐台摆台操作规范

程　　序	操作标准与要求
铺台布	1．位置：站立在长台中间的位置上 2．方法：将台布打开，用大拇指和食指抓住台布靠近身体的一边，用其余三指快速抓住台布其余部分。注意两手以中线为轴，间距要与肩同宽，将抓起的台布用力向对面推出。由里向外依次铺台布 3．标准：台布正面凸缝向上，台布之间要求中心线对正，台布压贴的方法和距离要一致，下垂均匀，平整美观
摆放装饰盘	一般使用直径约 33 cm 的装饰盘。要摆放均匀，盘边距离餐台边约 2 cm
摆放刀、叉、匙	要求：摆放顺序由里往外，用托盘托起刀、叉、匙，注意拿餐具手柄，餐具上不留手指印 1．从装饰盘右侧由里向外依次摆放餐刀、汤匙，刀口朝盘，汤匙与餐刀平行 2．在装饰盘左侧摆放餐叉，叉尖向上 3．餐具距餐台边 2 cm，距装饰盘 1 cm 4．甜品叉、匙摆放在装饰盘前方，平行摆放，甜品叉靠近展示盘，叉柄向左，距装饰盘 1 cm；甜品匙摆放在甜品叉外侧，匙柄向右，距甜品叉 1 cm
摆放面包盘、黄油刀	1．面包盘摆放在餐叉的左侧，面包盘的中心与装饰盘的中心在一条直线上，面包盘距餐叉 1 cm 2．黄油刀置于面包盘右 1/3 处，刀刃向左，柄端向下，悬空部分相等 3．如果放黄油盘，则摆放在面包盘上方，黄油盘的左侧与面包盘的中心线在一条直线上，距黄油刀 3 cm
摆放酒具	1．水杯摆放在餐刀正上方约 1 cm 处 2．如果摆放其他酒杯，则红酒杯摆放在水杯右后方，白酒杯摆放在红酒杯右后方，酒杯之间相距 1 cm，三杯成一直线，并与餐台边约成 45°
摆放公共用具	1．花瓶置于餐台正中 2．胡椒盅、盐盅、牙签等摆放在餐台靠中心或餐厅规定的位置 3．烛台一般只摆放于晚餐台面，摆放于台布中线上花瓶左右两侧，距花瓶 20 cm
摆放餐巾花	一般以简洁的盘花或餐巾环花为主，摆放于装饰盘内，整齐划一

图 1-35　西餐零点餐台摆台的用具摆放（示例）

相关知识

一、餐前准备

餐前准备是餐厅服务员在宾客到达之前按服务程序需要完成的一系列服务准备工作，是做好服务工作的开始。应做好如下准备。

（一）环境准备

就餐环境是宾客挑选餐饮场所的重要因素。如果卫生安全、幽静宜人，宾客感到舒心、愉快，会给宾客留下良好的第一印象，是餐饮服务成功的前提。环境准备要做好如下工作。

1．打扫环境卫生。使整个餐厅整洁明亮。

（1）地面。扫地、擦地、地板打蜡或吸尘。

（2）四周。擦门窗玻璃、楼梯扶手，拂去墙壁、衣帽柜、装饰物等上面的尘土。

（3）餐桌椅。桌面无油腻、水渍，擦净桌腿、椅背、椅腿，并检查有无松动、损坏，若有应及时修补。

（4）工作台。工作台应干燥、清洁，无灰尘、油污。

2．调节好室温。根据季节及营业时间将温度调节到 18～22 ℃。

3．调节好室内灯光、音响，摆好室内屏风、装饰物等。

4．根据需要做好节假日等不同主题，如喜宴等的餐厅美化工作。

（二）物品准备

1．餐用具、服务用品准备。根据餐厅类别，将所需要的餐具消毒后摆放在备餐间或备餐桌上，准备好服务用品（如各种托盘、开瓶工具、餐巾、牙签等）。检查餐用具是否有破损，如有破损，应立即更换。

2．摆台。根据用餐类别，按要求及规范摆好餐具和用具。

3．酒水饮料准备。备好供应的酒水饮料、茶叶、开水、冰块等。检查酒水饮料的质量，发现问题及时更换。

4．当日菜单准备。开餐前，应熟悉当日菜单、品种、价格、主料、辅料、口味特点、基本烹制过程和方法、烹制时间、菜肴典故等。

（三）形象准备

餐厅服务员优雅、得体的仪容、仪表、仪态体现了服务员良好的精神风貌，也表示了对宾客的尊重。良好的服务形象会产生积极的宣传效果，影响着餐饮企业的整体形象，在一定程度上反映着餐饮企业的管理水平和服务水平。

1．餐厅服务员上岗，必须按规定着装，衬衣一般系裤内或裙内，工作服整齐清洁，纽扣齐全，平整笔挺。领带、领结符合规定，做到无脏、无皱、无破损。

2．在左胸上方佩戴表明其姓名、职称、部门的工号牌。

3．头发梳理整齐。男发不超过发际线，不盖耳，不过领，不留大鬓角；女服务员不留披肩发，额发不过眉。

4．个人卫生清洁，不留长指甲，要勤换衣，避免异味，保持体味清新。

5．女餐厅服务员应淡妆上岗，各种饰品一般不用，用则求简，不能涂抹有色指甲油。

6．餐厅服务员上岗时应精神饱满，面带微笑，体态高雅，举止庄重，落落大方，注意力集中。上岗前，餐厅服务员要面对镜子，自我检查一下是否合乎要求。服务员之间也应该相互检查、相互纠正，以最佳的精神状态做好开餐前的准备。

（四）心理准备

来餐厅用餐的宾客，由于他们年龄、职业、身份、国籍、地区、性别不同，用餐目的、标准及要求也各不相同。餐厅服务员要眼观六路、耳听八方，做到处处留心、时时细心、事事精心，对宾客的眼神、表情、举止、动作要善于观察和判断，对各类宾客的各种用餐要求要有心理准备，要因人而异，掌握好尺度，使服务接待工作恰到好处。因此，在餐前准备工作中，餐厅服务员要做好应对各种情况的心理准备。

二、餐前会

在完成各项准备工作，餐厅即将营业前的30 min左右，要举行一次餐前会，一般由餐厅经理或领班负责。

（一）餐前会的内容

1．检查服务人员的仪表、仪容及服务工具是否备好。

2．总结前一天的工作，讲解当日工作要点。如已发生过的工作失误、宾客投诉、解决办法和预防方法等。

3．介绍当日厨房特色菜肴的原料、口味、烹饪方法及当天菜点、水果供应情况等。

4．介绍已预订宾客的要求以及重要宾客的接待工作。

5．协调解决其他部门对本部门的意见及请求协作事项。

（二）开好餐前会的要点

1．要有时间的限制，一般以 10min 为宜；要有统一约定的开会时间，通常午餐餐前会在上午 10:00 进行，晚餐餐前会在下午 4:00 进行。

2．开会前要做好充分的准备，事先写出开会时要讲的工作要点。

3．开会时要求员工列队，开会时要以期望员工做好服务工作的态度去激励员工。

4．讲话要清晰，气氛要轻松，让员工易于接受。

5．定期请上级领导到会指导，及时传达上级的指示，做到下情上报、上情下传。

6．遇到重大问题可延长开会时间。

7．利用餐前会实施培训和技术交流。

8．强调餐厅制度及工作标准。

9．开餐前要检查员工的仪容、仪表是否符合要求。

技能训练一

训练项目：

轻托操作。

训练方法：

站立托砖、托瓶，托盘行走。

训练要求：

按步骤练习：先练托砖，再练托酒瓶，重量逐步增加，然后练习托盘行走。

1．托两块砖，初期要求端托时间不少于 2 min。

2．托啤酒瓶 4～6 个，物品重心提高了，要学会调整。

3．依操作标准进行，要求操作规范，逐渐增加时间，逐渐增加重量。

4．托盘行走时必须绕过每个障碍物（如椅子摆成 S 形），要求做到规范操作，保持平稳、匀速前行、姿势优美。

技能训练二

训练项目：

餐巾折花。

训练方法：

在 5 min 之内完成 10 个餐巾花形。

训练要求：

1. 操作手法正确，动作利索快捷，一次成型，符合卫生要求。

2. 造型逼真，美观大方，放入杯中（盘中）稳定成型。

3. 提倡自创。

技能训练三

训练项目：

1. 中餐零点餐台摆台。

2. 西餐零点餐台摆台。

训练方法：

按操作规范模拟练习。

训练要求：

1. 按程序与规范摆台，要求操作程序正确，不漏项。

2. 摆台过程中，要有良好的操作习惯，做到轻拿轻放，操作卫生，无餐具落地、打碎、翻盘等失误，餐具摆放整体美观。

3. 在规定时间内完成中、西餐零点餐台的摆放。

4. 熟练之后，结合当地酒店实际情况进行中、西餐台面的摆放练习。

实训测试：

由教师给出测试标准，并组织学生对实训项目进行测试与评价。

思考练习

1. 简述餐前准备的内容。

2. 简述中、西餐零点餐台摆台的操作程序。

模块学习检测：实训实习评价

本评价为一个模块学习及实践后的检验，从学生能力出发，从多角度进行评价。通过评价检验学生的实训实习效果，在实践中检验学生的综合工作能力。餐前工作实训评价表见表 1-8。餐饮企业实习（餐前服务）评估表见表 1-9。

表 1-8 餐前工作实训评价表

<table>
<tr><td rowspan="2"></td><td colspan="2">内 容</td><td colspan="3">评 价</td></tr>
<tr><td>能力目标</td><td>评价项目</td><td>自我评价</td><td>小组评价</td><td>教师评价</td></tr>
<tr><td rowspan="4">专业能力</td><td>能进行餐位预订</td><td>能做好餐位预订的接待工作</td><td></td><td></td><td></td></tr>
<tr><td rowspan="2">能做好餐前准备工作</td><td>能做好环境及餐具清洁卫生</td><td></td><td></td><td></td></tr>
<tr><td>能进行餐台摆放</td><td></td><td></td><td></td></tr>
<tr><td>能进行餐台摆放操作</td><td>能熟练进行中、西餐餐厅零点餐台摆台，餐具摆放规范有序</td><td></td><td></td><td></td></tr>
<tr><td rowspan="4">通用能力</td><td colspan="2">语言表达能力</td><td></td><td></td><td></td></tr>
<tr><td colspan="2">沟通能力</td><td></td><td></td><td></td></tr>
<tr><td colspan="2">与人合作能力</td><td></td><td></td><td></td></tr>
<tr><td colspan="2">创新能力</td><td></td><td></td><td></td></tr>
<tr><td colspan="3">综合评价</td><td colspan="3"></td></tr>
</table>

表 1-9 餐饮企业实习（餐前服务）评估表

<table>
<tr><td colspan="5">姓名______ 部门______ 职位______ 实习日期______ 员工号______</td></tr>
<tr><td>评价内容</td><td>表现出色（4）</td><td>超出预期（3）</td><td>达到要求（2）</td><td>未达到标准（1）</td></tr>
<tr><td>1. 仪容仪表：符合职业规范，着装得体，干净整洁</td><td>仪容仪表大方得体，能够符合专业化标准</td><td>能够完全达到仪容仪表要求，工装干净、整齐</td><td>能够达到仪容仪表要求</td><td>着装不整，几乎不能达到标准</td></tr>
<tr><td>2. 职业素养：正直敬业、以身作则；敬业奉献，积极主动；热爱学习，勇于创新</td><td>能够以身作则，诚实守信，言行一致，能够协助和引导他人</td><td>言行一致，诚实守信；始终保持一贯的专业水准</td><td>达到要求，无诚信问题</td><td>需要大量的指导，言行不一，存在诚信问题</td></tr>
</table>

续表

评价内容	表现出色（4）	超出预期（3）	达到要求（2）	未达到标准（1）
3．专业能力：熟练掌握工作程序、标准、原则，能达到预期工作量，具有工作判断能力和解决问题的能力，能熟练进行餐饮服务	能够出色完成餐前各项工作任务，服务技能规范，服务程序流畅，具有一定的应变能力	能独立完成分配的任务，工作效率高，工作完整，工作满意度高	能够达到要求标准，总体可以接受，偶尔有错误	工作效率低，不能胜任工作，错误较多
4．沟通能力与团队合作：沟通能力强，能维护团队，倾听员工建议和意见	主动沟通，防止问题发生，采集建议	接受建议，主动沟通并给予反馈	接受建议，主动沟通	缺乏沟通，不接受建议
综合评价				

模块二

餐中服务

餐中服务是服务员与宾客面对面接触的环节。要求服务员具有良好的思想素质、敬业的服务态度、丰富的服务知识、高超的服务技能，熟悉业务，了解宾客的心理需求，能推销符合宾客需求的菜点，具有较强的应变能力，并向宾客提供就餐全程的优质服务。通过本单元学习，掌握就餐过程中不同阶段的步骤与方法，主动把握不同的工作重点，并有效地检查每一项工作，及时发现问题并解决。

学习目标

1. 能热情、熟练地进行迎宾服务。
2. 能熟练、周到地为宾客提供点菜服务。
3. 能熟练地进行酒水服务。
4. 能熟练地进行菜肴服务。
5. 能熟练地进行席间服务。
6. 能熟练地进行结账收银服务。
7. 能熟练地进行送客服务。

实训一　迎宾服务

工作情境

一天，晚餐时间，香格里拉中餐厅生意兴隆，来用餐的宾客络绎不绝。迎宾员站在餐厅门口笑容可掬，问候着前来用餐的每位宾客。餐厅内，值台服务员在进行宾客入座后的服务。整个餐厅内一片忙碌的景象。

工作分析

在迎宾服务中，迎宾员首先应面带微笑、礼貌问候宾客，了解宾客是否有预订，引领宾客、安排宾客入座，递上菜单。宾客入座后，由值台服务员为宾客提供毛巾、茶水、递铺餐巾、撤去筷套及多余餐具等服务。在本环节应掌握迎宾服务的程序与标准，特别注意为宾客安排座位的技巧。

工作内容

迎宾服务工作流程：

迎接宾客→引领到位→拉椅让座→递上菜单→提供毛巾服务→提供茶水服务→铺餐巾→取下筷套→撤、加餐具→记录。

迎宾服务具体工作见表2-1。

表2-1　迎宾服务

工作流程	工作内容
迎接宾客 （见图2-1）	1. 宾客到达宴会厅门口时，迎宾员应微笑问候，了解是否有预订 2. 有重要宾客来就餐时，餐厅经理（主管）应在餐厅门口迎候

续表

工作流程	工作内容
引领到位 （见图2-2）	1．如宾客已预订，迎宾员应热情地把宾客引领到位 2．如宾客没有预订，迎宾员则礼貌地将宾客引领到满意的餐台 3．引领宾客时，应走在宾客左前方1 m左右，注意不断回头招呼宾客，把握好与宾客的距离，提醒宾客注意台阶
拉椅让座 （见图2-3）	当迎宾员把宾客带到餐台边时，值台服务员应主动上前问好，并协助为主宾拉椅让座，注意女士优先 1．站在椅背的正后方，双手握住椅背的两侧，后退半步的同时，将椅子拉后半步 2．右手做请的手势，示意主宾入座 3．在宾客即将坐下的时候，双手扶住椅背的两侧，用右腿顶住椅背，手脚配合将椅子轻轻往前送，使主宾不用自己挪动椅子便能恰到好处地入座 4．拉椅、送椅的动作要迅速、敏捷，力度要适中、适度，准确到位，让主宾舒适坐下
递上菜单	1．迎宾员（或餐厅服务员）在开餐前应认真检查菜单，保证菜单干净、整洁 2．迎宾员应根据宾客数，拿取相应数量的菜单 3．当宾客入座后，迎宾员打开菜单第一页，递给主人。如果不能确定谁是主人，可征询宾客意见，再递上菜单 特别提示：服务员接受宾客点菜，完成后将菜单收回，由迎宾员取回放置到迎宾台
提供毛巾服务	1．待宾客坐定后，上第一道毛巾。（宾客用餐中可随时提供毛巾服务；宾客用完餐后，再次提供小毛巾服务。） 2．根据宾客数从保温箱中取出小毛巾，放在毛巾托中，用托盘送上，用毛巾夹提供毛巾 3．提供毛巾服务时，站在宾客右侧，按“女士优先、先宾后主”的原则依次送上，并对宾客说：“请用毛巾” 4．热毛巾要抖开后放在宾客手上；冷毛巾直接放在宾客右侧的毛巾盘中 5．宾客用过毛巾后，征询宾客，如“打扰一下，我可以撤了吗？”，经同意后方可撤下 6．毛巾要干净无异味，热毛巾温度一般保持在40℃ 特别提示：根据餐具摆放和各餐厅规范，可以将毛巾盘放在宾客右侧、左侧或两个毛巾盘并排放在两位宾客餐具之间，以避免拿错毛巾
提供茶水服务	1．首先斟倒免费的欢迎茶或询问宾客饮什么茶，问茶的同时适当介绍并告知价位 2．按“先宾后主或长辈、女士优先”的原则斟倒八分满 3．为全部宾客斟完茶，将茶壶填满水后，放在转盘上，供宾客自已添茶

续表

工 作 步 骤	工 作 内 容
铺餐巾 （见图 2-4）	1．依据“先宾后主、女士优先”的原则为宾客铺餐巾 2．一般情况下应在宾客右侧为宾客铺餐巾，也可以在宾客左侧为宾客铺餐巾 3．铺餐巾时应站在宾客右侧，拿起餐巾，将其打开，注意右手在前，左手在后，将餐巾轻轻铺在宾客腿上，注意胳膊肘不要碰到宾客（左侧服务相反） 4．如有儿童用餐，可根据家长的要求，帮助儿童铺餐巾 特别提示：中餐厅也可以将餐巾一角压在餐碟下，以免滑落
取下筷套	1．在宾客的右侧，用右手拿起带筷套的筷子，交于左手，用右手打开筷套封口，捏住筷子的后端并取出，摆在桌面原来的位置上 2．每次脱下的筷套握在左手中，最后一起撤走
撤、加餐具	1．拿走花插，按用餐人数撤去多余餐具（如加位则补上），并调整座椅间距 2．如有儿童，需搬来加高儿童椅，并协助儿童入座
记录	迎宾员回到迎宾岗位后，将宾客数、到达时间、台号等迅速做好记录

图 2-1　迎接宾客

图 2-2　引领到位

图 2-3　拉椅让座

铺在腿上

压在盘下

图 2-4 铺餐巾

相关知识

一、问候引领宾客的要点

1．当宾客来到餐厅时，迎宾员要面带微笑、热情礼貌地问候宾客。可说：“早上好/晚上好/您好！先生/女士，欢迎光临××餐厅。”“请问几位？”“请问是否有预订？”

2．询问宾客是否有预订，如宾客尚未预订，立即根据情况给宾客安排座位。

3．可以询问宾客姓名，以便于称呼宾客。

4．询问宾客是否吸烟。如宾客不吸烟要为宾客安排在不吸烟区就座。

5．协助宾客存放衣物，提示宾客保管好贵重物品，将取衣牌交给宾客。

6．迎宾员用迎宾指引手势为宾客指示方向，同时说：“请跟我来”“请这边走”。

7．引领宾客进入餐厅时要和宾客保持 1m 的距离。将宾客带到餐桌前，并征询宾客意见。

8．帮助宾客轻轻拉开餐椅，待宾客落座前将餐椅轻轻送回。

二、为宾客安排座位的要点

1．要按照宾客的人数安排合适的餐桌；一般情况下，一张餐桌只安排同一批的宾客就座。

2．先到餐厅的宾客应尽量安排在靠窗口或靠门区域的餐位，以便窗外、门外的行人看见，以招徕宾客。

3．年轻的情侣喜欢被安排在风景优美并安静的地方，不受打扰。

4．服饰讲究、着装华丽的宾客可以渲染餐厅的气氛，可以将其安排在餐厅中引人注目的地方。

5．行动不便的老年人或残疾人尽可能安排在靠餐厅门口的地方，可避免多走动；残疾人应尽量安排靠边的位置，以挡住其残疾部位。

6．吵吵嚷嚷的大批宾客应当安排在餐厅的包房或餐厅靠里面的地方，以避免干扰其他宾客。

7．接近最后点菜时间才到达餐厅的宾客，尽量将其安排在靠厨房的位置，以方便迅速上菜。

8．为带孩子的宾客主动提供儿童椅，并保证其安全。

9．对带宠物来餐厅的宾客，应婉言告诉宾客宠物不能带进餐厅。

10．迎宾员在引领宾客进入餐厅各服务区时，还应均匀分配工作量，确保提供优质服务。

三、宾客入座后的服务项目

1．为宾客递上菜单。

2．为宾客提供毛巾服务。

3．为宾客提供茶水服务。

4．为宾客铺餐巾。

5．为宾客撤筷套及多余餐具。

服务情境对话——Showing seats 引导来宾入席

W: Waiter　G: Guest

W: Good evening, sir. Welcome to portman restaurant.
您好，先生！欢迎光临波特曼餐厅。

G: Thanks.
谢谢。

W: How many persons, please?
请问：你们一共几位？

G: Four.
四位。

W: Where would you prefer to sit, indoor or outdoor?
您喜欢坐在哪儿呢，室内还是室外？

G: Well, indoor and by the window, please.
嗯，室内吧，我想要靠窗的位子。

W: I'll show you to your table. This way, please ... Is this fine?
我带您入座。这边请。……这个位子可以吗？

G: OK. That's fine.
好，这里很好。

W: Please take a seat, sir.
先生，请坐。

G: Thanks.
谢谢。

W: A waiter will come to take your order. Just a moment, please.
服务生会来为您点菜，请稍等。

技能训练

训练项目：

1. 迎接宾客。
2. 引领入座。
3. 递送菜单。
4. 茶水服务（问茶、倒茶）。
5. 递铺餐巾。

训练方法：

角色扮演、情境导入。

1. 一位学生扮演服务员，一位或多位学生扮演宾客。
2. 精心设计，体现服务员的语言艺术及一系列连续的服务程序。写出模拟对话程序。
3. 学生点评，教师指导。

训练要求：

服务程序流畅，语言准确，动作规范。

实训测试：

由教师给出测试标准，并组织学生对实训项目进行测试与评价。

思考练习

1. 如果餐厅座位已满时，迎宾员应怎么做？
2. 怎样为不同的宾客安排座位？

实训二　点菜服务

工作情境

某酒店的松竹轩包房，迎来了用晚餐的一行 8 位宾客，已在迎宾员的安排下坐好，有宾客在看菜单。这时包房服务员王琪过来问："请问是否可以点菜？"宾客说："可以。"小王开始接受宾客的点菜。

工作分析

在点菜服务中，服务员应熟悉菜单，了解宾客的需求，主动提供信息和帮助，并进行良好的推销。较强的推销能力体现了服务员良好的综合素质，而主动热情的点菜服务又可为宾客提供优质的服务。

工作内容

点菜服务（菜单式）工作流程：
递送菜单→问候宾客→接受点菜→介绍推荐菜肴→记录内容→复述确认。
点菜服务（菜单式）见表 2-2。

表 2-2　点菜服务（菜单式）

工作流程	工作内容
递送菜单 （见图 2-5）	在迎宾服务中，迎宾员（也可是值台服务员）已递上菜单（详见迎宾服务）
问候宾客	1．礼貌问候宾客，如"晚上好，先生。很高兴为您服务" 2．介绍自己，如"我是服务员××" 3．征询宾客是否可以点菜，如"请问现在可以点菜了吗?"

续表

工作流程	工作内容
接受点菜 （见图 2-6）	1．为宾客点菜时，要站在宾客的左侧，身体略向前倾，认真倾听宾客的叙述 2．得到主人首肯后，从女宾开始依次点菜，最后为主人点菜
介绍、推荐菜肴	首先要熟悉菜单，对于宾客所点菜肴要做到了如指掌 1．注意观察，根据宾客的消费需求和消费心理，向宾客推荐餐厅的时令菜、特色菜、畅销菜、高档菜，介绍菜肴时要做适当的描述和解释 2．必要时对宾客所点的菜量、数量和食品搭配提出合理化建议，注意荤素搭配和分量适中 3．提供信息和建议，询问特殊需求，如牛排、羊排需几成熟 4．注意礼貌用语的使用，尽量使用描述性、选择性、建议性语言，不可强迫宾客接受
记录内容	记录所点菜肴现在多使用点菜宝直接通过电子方式传输 下面步骤为用点菜单记录方式 1．清楚准确地记录不同宾客所点的菜肴，避免混淆 2．注意身体姿势，不可将点菜单放在餐桌上填写 注意：西餐是分食制，每位宾客所点的菜都可能不同，所以应用座位示意图分别记录每位宾客所点的菜肴，避免混淆
复述确认	1．复述宾客所点的菜肴，请宾客确认 2．询问酒水饮料，记清宾客所点酒水饮料 3．服务人员收回菜单，并向宾客表示："请稍等。"或告之宾客大约等待的时间 4．迅速下单。注意填写内容齐全，菜肴与酒水分开、冷菜与热菜分开，及时分别送交厨房、收银处、传菜部
特别服务 1．宾客所点菜肴过多或重复时，要及时提醒宾客。 2．如宾客所点的菜为菜单上没有的或已销售完的菜肴时，要积极与厨房取得联系，尽量满足宾客的需要或介绍其他相应的菜肴。 3．如宾客点烹制时间较长的菜肴时，要主动向宾客解释，告之等待时间，调整出菜顺序。 4．如宾客需赶时间，要主动推荐一些快捷易做的菜肴。 5．对宾客的特殊要求要清楚注明，并尽量满足宾客。	

图 2-5　递送菜单

图 2-6　接受点菜

相关知识

点菜是宾客购买餐饮产品的初始阶段，如果点菜的服务不周到，很容易导致宾客用餐不满意，甚至可能对餐厅的整体服务不满。可以说这项服务关系到整个服务过程的成败。需做好如下工作。

一、点菜前的准备工作

1．了解菜单上菜肴的制作方法、烹调时间、口味特点和装盘要求。

2．了解菜单上菜肴的单位，即一份菜的规格和分量等，通常以大盘、小盘、斤、只等来表示。

3．掌握客源国和地区的饮食习惯和菜肴知识，了解宾客口味及饮食需求，便于做好建议性销售。

4．掌握不同人数的宾客所需要菜肴的组成和分量。

5．掌握上菜顺序、时机和佐料搭配。

6．高星级酒店要求服务员能用外语介绍菜肴口味特点、烹调方法和原料等。

二、点菜基本程序

点菜的基本程序从形式看比较简单，包括：递送菜单→等候点菜→点菜→推荐→记录菜名→确认。

然而，要将这些程序有机地结合起来，达到宾客满意的效果，却不是一件简单的事情。由于宾客不同，对菜食的喜好程度、饮食习惯、方法、要求等方面也不相同，这些都需要在点菜的过程中区别对待。

三、点菜服务方法

在接受宾客点菜时，服务员要掌握方法及具备灵活处理问题的能力。一般来讲，点菜服务的方法有如下几种：

1．程序点菜法。按冷菜、热菜、酒水、主食的程序进行。

2．推荐点菜法。向宾客推荐店内的招牌菜、特色菜、时令菜、创新菜等。

3．推销点菜法。按宾客的消费动机来推销。

（1）便餐。来餐厅吃便餐的宾客有各种情况：外地来出差、旅游、学习的宾客，就近解决吃饭问题，居住在附近的居民因某种情况而来用餐等。这些消费者要求菜点经济实惠、品种不要太多，但要求快，所以应主动介绍价廉物美、制作时间短的菜肴。

（2）调剂口味。慕名而来想尝酒店的风味特色、名菜、名点或者专门是为某一道菜肴而来。要注意多介绍一些有特色的菜肴，数量上要少而精。

（3）宴请。如商务、结婚、祝寿等各类宴请。这类宾客有些会讲究排场，注意菜肴精美。

（4）聚餐。如朋友、同事聚会。要求热闹，边吃边谈，对菜肴要求一般，品种丰富而不多，精细而不贵。

4．心理点菜法。按宾客的特性来推销。

（1）炫耀型。这类宾客情感丰富，重友情，好面子，炫耀富有，对菜肴不求快只求好。

（2）茫然型。这种宾客有些是很少在外用餐，不知道哪个餐厅好，不知道吃什么好，对就餐知识和经验比较缺乏。

（3）习惯型。这类宾客表现为喜好于某一餐厅的风味，某一厨师的名气，偏好一种或几种菜肴。在为这类宾客服务时，应注意与宾客打招呼，并可问："×先生，是和上次一样，还是另外点菜？我们酒店新推出了××菜是您以前没有用过的，是否品尝一下。"

四、点菜推销的语言技巧

1．选择问句。用选择性的推销语言询问宾客，更容易使宾客做出决定。如"请问您是喝红茶还是绿茶？"而不说"请问您喝茶吗？"

2．语言加法。罗列菜肴的优点向宾客介绍，让宾客对菜肴感兴趣。例如，"这道菜不仅味道好，原料十分新鲜，含有多种营养，还对虚火等症有辅助疗效。"

3．语言减法。向宾客说明本店特色，如果没有吃到会很遗憾等，或说明假如现在不吃这道菜会怎样。例如，"这种鱼只有渤海一带的水域中才有，您如果现在不品尝，回家后将很难有机会尝到了。"

4．语言除法。将一分菜的价格分为若干份，使其看来不贵。例如"一品鱼翅锅虽然要 160 元一份，但 8 个人平均下来不过 20 元钱，您只花 20 元钱就能品尝到这道美味的佳肴了。”

5. 语言转折法。首先顺着宾客的意思，然后委婉的转折，既能维护宾客的面子又能顺利推销产品。如“这道菜确实价格有些贵，但其原料比较名贵，成菜工艺也较为复杂，口味别具特色，您不妨一尝。”

6. 借人之口法。顾名思义就是借名人的赞美推销自己的产品，让宾客感到值得购买。如“当年乾隆下江南时吃过叫花鸡这道菜，对此赞誉不止，您是否品尝一下。”“宾客们都反映我们这里的××菜做得很好，您愿意来一份吗？”

7. 赞语法。就是在对菜肴介绍时使用赞语。如“这道原壳扒鲍鱼是我们这里的招牌菜之一，您不妨尝尝。”

8. 亲近法。这个方法多用于对熟悉客户推销。如“今天我给你介绍一个好菜，是我们餐厅最新推出的特色菜肴。您尝尝如何？”

五、点菜服务要点

1. 宾客看完菜单，服务员可以征询主人意见，得到明确答复后按规范依次接受宾客点菜。

2. 根据宾客的心理需求尽量向宾客介绍时令菜、特色菜、招牌菜、畅销菜。

3. 宾客已点菜肴沽清时，及时告诉宾客换菜，并推荐与沽清菜肴相似的菜肴。

4. 宾客未到齐时，菜单上应注明（叫菜），赶时间的宾客应注明（加快），有特殊要求的宾客，也应注明如不吃蒜、不吃糖、不吃辣、不吃花生油、不吃猪肉等。

5. 宾客点菜在原料、口味上重复时，要及时提醒宾客；要按规范安排菜单，注意荤素搭配和分量适中；适时告诉宾客所点菜肴已经足够。

6. 为了进行良好的推销，服务员应注意观察，熟悉菜单，了解宾客的需求，主动提供信息和帮助，不能强行推销。

7. 点完菜后注意重复宾客所点的菜品，确保点菜正确无误。

8. 许多餐厅有时由餐厅领班或高级服务员为宾客点菜，以提供优质服务。

六、接受点菜方式

1. 菜单点菜

按宾客选择的菜肴填写点菜单，点菜单（见表 2-3）一式四联：第一联交收银员，第二、三联由收银员盖章交传菜部、厨房部，第四联服务员自留或放在宾客餐桌上以备核查。

现在也有酒店的点菜单一式两联：一联服务员留底，另一联交收银台，由收银台计算机联网传至厨房及传菜部。

表 2-3 ××餐厅点菜单

编号：

台号：	人数：	服务员：	日期：
名 称	数 量	单 价	说 明
合计			

填写要求：

（1）要填写台号、人数、服务员的姓名和日期。

（2）正确填写名称和数量。

（3）空行用笔画掉。

（4）如有特殊要求，要在点菜单上注明。

（5）冷菜、热菜和点心分单填写，以便厨房分类准备和操作。

2．清单圈选

在菜单项目较少的快餐店常采用一种既方便又快捷的点菜方式。这种方式是将所有的菜单项目都印在点菜单上，由宾客自行或由服务员按宾客的意思代为圈选，然后再由服务员送往厨房叫菜。

3．电子点菜

现代高科技在餐厅服务中已经越来越多地被运用。电子点菜在大、中型餐厅及高级餐厅中已越来越普及。将前台餐厅计算机终端输入与后台厨房、酒吧打印设备和收银结账终端连接，前台服务员将宾客所点的菜肴品种通过计算机终端按编号输入，确认后，后台厨房打印机立即将所点的菜肴依冷菜、热菜和点心分别打印出两联，一联用于传菜，二联用于厨房出菜。另外，收银员处的计算机终端自动生成账单，如果取消菜肴必须通过经理或主管（见图 2-7）。

目前，平板电脑点菜也被很多餐厅使用。平板点餐高端时尚，提升餐厅格调，电子菜谱直观操作，迅捷自助点单，点餐订单直达厨房，厨房各部分分别打印（见图 2-8）。

图 2-7　电子点菜机

图 2-8　平板电脑点菜

服务情境对话——Recommendation 推荐

W: Waiter　G: Guest

W: Would you like to order now?
你们要点菜吗？

G: I'm afraid we need a few minutes. What would you recommend?
恐怕要迟一些。你有什么推荐？

W: If you like a hot and spicy food, then try Mapo tofu. It's a famous Sichuan dish. I would say it is very tasty.
如果你喜欢辣的话，何不试试著名的四川菜麻婆豆腐。我认为味道还不错。

G: Alright. Any other spicy food for us?
好的，还有什么辣菜适合我们。

W: How about sliced beef and Ox Tongue in Chili Sauce?
夫妻肺片怎么样？

G: Great! We take that. Could we have a Beijing Roast Duck, please?
好极了！就这样。另外给我一份北京烤鸭好吗？

W: Certainly, Sir. Would you like some rice or soup?
好的，先生。要点饭和汤吗？

G: One Corn Soup and one Yangzhou Fried Rice, please.
一份玉米羹和一份扬州炒饭。

W: OK, A good choice, sir.
好的，很好的选择。

技能训练

训练项目：

点菜服务。

训练方法：

角色扮演、情境导入。

1．一位学生扮演服务员，一位或多位学生扮演宾客。

2．精心设计，体现服务员的语言艺术。写出模拟对话程序。

3．学生点评，教师指导。

训练要求：

服务程序流畅、规范，语言运用准确、得体。

实训测试：

由教师给出测试标准，并组织学生对实训项目进行测试与评价。

思考练习

1．简介点菜服务流程。

2．点菜服务方法有哪些？

实训三　酒水服务

工作情境

某酒店牡丹餐厅正在举行欢迎晚宴，在舒缓的背景音乐下，宾客在相互交谈，服务员不停地忙碌，其中服务员杨扬的斟酒服务引起宾客的注意，只见他动作规范，不滴不洒，斟酒量恰到好处，宾客赞叹不已。

工作分析

做好酒水服务不仅要了解有关酒水的知识，更应熟练地掌握斟酒的操作技能以及酒水服务的操作规程。在斟酒操作中要做到不滴不洒、不少不溢，并掌握酒水服务的方法及技巧，才能更好地向宾客提供优质服务。

工作内容

酒水服务工作流程：

准备→示瓶→开瓶→斟酒。

酒水服务具体工作见表 2-4。

表 2-4　酒水服务

工 作 流 程	工 作 内 容
准备	1. 准备杯具：清洁卫生 2. 准备酒水：根据点酒单从酒吧取酒水，保证酒水温度符合要求 （1）冰镇的方法：冰箱冷藏、冰块冰镇、溜杯 （2）温烫的方法：水烫、火烤、燃烧、注入 注意：水烫和燃烧一般是当着宾客的面操作
示瓶	服务员站立在主人的右侧，左手托瓶底，右手扶瓶颈，酒标面向宾客，让其辨认。宾客认可后，才可进行下一步的工作
开瓶	用开塞钻、扳手等工具开启皇冠瓶盖、软木制成的瓶塞。用手直接开启旋转瓶盖和易拉瓶盖
斟酒	1. 斟酒服务方式：徒手斟酒、托盘斟酒 2. 斟酒服务顺序：从主宾开始，按顺时针方向绕台进行 3. 斟酒量度控制：烈性酒八成，红葡萄酒五成，白葡萄酒七成，香槟酒先斟 1/3，泡沫平息后再斟至 2/3，软饮料八成，啤酒以泡沫不溢为准

相关知识

一、准备工作

（一）准备杯具

餐桌上晶莹美观的各式酒杯，不仅能增添餐厅用餐的气氛，还能使酒水的特性得以更好地发挥。服务员要了解不同酒水使用的杯具和清洁卫生标准以及操作方法。如啤酒杯的容量大、杯壁厚，可较好地保持啤酒的冰镇效果；葡萄酒杯做成郁金香花形，斟倒五成或七成，使酒与空气保持充分接触，让酒香更好地发挥；中国烈性酒杯容量较小，使杯中酒更显名贵与纯正。

（二）准备酒水

开餐前，各种酒水应当事先备齐。检查酒水质量，如发现瓶子破裂或有悬浮物、沉淀物时应及时调换。将检查好的酒瓶擦拭干净，分类摆放在酒水服务台或酒水车上。

除此基本的准备外，酒水准备工作还包括对酒水温度的处理。服务员需了解餐厅常用酒水的最佳饮用温度。

1．冰镇（降温）

（1）冰镇的目的

许多酒水的最佳饮用温度是低于室温的。如啤酒的最佳饮用温度为 8～10 ℃；白葡萄酒的最佳饮用温度为 8～12 ℃；香槟酒和有汽葡萄酒的最佳饮用温度是 6～8 ℃。因此在饮用前需要对此类酒作冰镇处理，这是向宾客提供优质服务的一个重要内容。

（2）冰镇的三种方法

① 冰箱冷藏。直接将酒瓶放入冰箱冷藏室。应注意冷藏和冷冻是有区别的，有些酒类如啤酒在低于-10 ℃时，酒液就变得混浊不清了。啤酒和软饮料贮存在接近 4 ℃的温度下较为理想。

② 冰块冰镇。冰块冰镇法又包括两种方法：一种是直接将冰块放入酒液饮料中；另一种是将酒瓶插入放有冰块的冰桶中，即冰桶中放入三分之一方型冰块与三分之一水，酒瓶斜插入冰桶中，大约 10 min 可达到降温效果，之后用架子托住桶底，连桶送至宾客餐桌边。可用一块口布搭在瓶身上。名贵的瓶装酒大都采用冰块冰镇的方法来降温。

③ 溜杯。这种方法是用冰块对杯具进行降温处理，常用于调制鸡尾酒。服务员手持酒杯下部，在杯中放入一块冰块，转动杯子，使冰块沿杯壁滑动，以此达到降低杯子温度的目的。

2．温烫（升温）

（1）温烫的目的。需要在常温以上饮用效果更佳的酒，如黄酒、加饭酒、日本清酒以及某些鸡尾酒的饮用。

（2）温烫的四种方法

① 水烫。将酒液倒入温酒壶，放入热水中，以水为媒介的加热方法。

② 火烤。将酒液倒入耐热器皿，直接放置于火上的加热方法。

③ 燃烧。将酒液倒入杯后，将杯子置于酒精液体内，点燃酒精加热的方法。

④ 注入。将热饮（水、茶、咖啡等）注入酒液或将酒液注入热饮中升温的方法。

需要注意的是，水烫和燃烧一般是当着宾客的面操作。

二、示瓶

示瓶是斟酒服务的第一道程序。它标志着服务操作的开始。示瓶是在酒瓶开启前向宾客展示所点的酒水的商标。这样做的目的，第一可以避免差错，第二表示对宾客的尊重，第三可以促进销售。

基本操作手法是：服务员站立在宾客的右侧，左手托瓶底，右手扶瓶颈，酒标面向宾客，让其辨认。宾客认可后，才可进行下一步的工作，如图 2-9 所示。

图 2-9　示瓶

三、开瓶

酒水瓶罐的封口常见的有皇冠瓶盖、易拉环、软木制成的瓶塞和旋转瓶盖等。常用开启酒水瓶盖的工具有开塞钻和扳手，如图 2-10 所示。

翼型开瓶器

扳手

图 2-10　餐厅常用开瓶器

(一）葡萄酒开瓶

服务员先用洁净的餐巾把白葡萄酒酒瓶包上，红葡萄酒不用包。再用开瓶刀切掉瓶口部位的锡纸，并擦干净。用开酒钻的螺旋锥垂直将酒钻钻进木塞，用杠杆原理将木塞慢慢拔出，再用干净的布巾擦拭瓶口，检查木塞。

开瓶时应尽量避免晃动瓶身，动作要准确、敏捷和果断，以免摇动酒瓶时将瓶底的酒渣泛起，影响酒味。

(二）香槟酒（葡萄汽酒）开瓶

香槟酒的瓶塞是用外力将木塞大部分压进瓶口，露有一截帽形物，并用铁丝绕扎固定瓶内丰富的气体。开瓶前首先提前冰镇，剥除瓶口锡纸，并将瓶身倾斜约 60°，左手大拇指紧压塞顶，用右手扭开铁丝，然后握住木塞，轻轻转动往上拔，靠瓶内的压力和手拔的力量将瓶塞取出，再保持倾斜数秒，防止酒液溢出。开瓶时，瓶口不要朝向宾客，以免在手不能控制的情况下，软木塞被爆出。

(三）皇冠瓶盖饮料开启

用托盘将酒瓶托至工作台，当众用扳手开启。

(四）烈性酒开瓶

塑料盖封瓶方式，外部包有一层塑料膜，开瓶时先用火柴将塑料膜烧溶或割开取下，然后旋转开盖即可。金属盖封瓶方式，瓶盖下部有一圈断点，用力拧盖，使断点断裂，便可开盖；若遇有断点太坚固，可先用小刀将断点划裂，然后再旋转开盖。

（五）易拉罐饮料开启

用托盘将饮料托送至餐台，左手托盘在宾客右侧用右手拉起罐顶部的小金属环即可，不可对着宾客拉。开启啤酒和汽水前不可晃动易拉罐，避免液体外喷。

四、斟酒

（一）斟酒的方式

斟酒一般分为徒手斟酒和托盘斟酒两种方式。

1．徒手斟酒

徒手斟酒如图 2-11 所示。徒手斟酒时，服务员左手持服务巾，背于身后，右手持酒瓶的下半部，商标朝外，正对宾客，右脚跨前踏在两椅之间，在宾客右侧，重心移至右脚，身体微前倾，两脚呈 T 字形站立斟倒。

2．托盘斟酒

托盘斟酒如图 2-12 所示。托盘斟酒时，左手托盘，右手持酒瓶斟酒，注意托盘不可越过宾客的头顶，掌握好托盘的重心。服务员站在宾客的右后侧，身体前倾，手臂前伸，商标朝向宾客。

图 2-11　徒手斟酒

图 2-12　托盘斟酒

（二）斟酒的顺序

一般大型宴会在宴会开始前 5 min 左右将烈性酒和葡萄酒斟好。宾客入座后，服务员及时问斟啤酒、饮料等。中餐斟酒一般从主宾位置开始，也可根据宾客需要从年长者或女士开始斟倒，按顺时针方向依次进行。如果两位服务员同时服务，则一位从主宾开始，另一位从副主宾开始，按顺时针方向进行。

（三）斟酒量

1．白酒斟至酒杯八分满。

2．红葡萄酒斟 1/2 杯，白葡萄酒 2/3 杯，威士忌等斟 1/6 杯为宜。

3．香槟酒会起泡沫，所以分两次斟倒，先斟 1/3 杯，待泡沫平息后再斟至 2/3 杯。

4．啤酒顺着杯壁斟倒，以泡沫不溢出为准。

5．软饮料斟至八分满。

（四）斟酒注意事项

1．斟酒时，瓶口不可搭在酒杯口上，以相距 2 cm 为宜，以避免将杯口碰破或将酒杯碰倒，但也不要将瓶拿得太高。

2．将酒水缓缓倒入杯中，斟至适量时停一下，并旋转瓶身，抬起瓶口，使最后一部分酒随着瓶身的转动，均匀地分布在瓶口边沿上，防止酒水滴洒在台布或宾客身上；也可在每斟 1 杯酒后，即用左手所持的餐巾把残留在瓶口的酒液擦掉。

3．随时注意瓶内酒量的变化情况，用适当的倾斜度控制酒液流出速度。瓶内酒量越少，流速越快，流速过快容易冲出杯外。

4．斟啤酒时泡沫较多，极易溢出杯外。要沿着酒杯的内壁慢慢斟，也可分 2 次斟。

5．因操作不慎而将酒杯碰翻时，应向宾客表示歉意，立即将酒杯扶起，检查有无破损，若有破损要立即另换新杯；若无破损，要迅速用一块干净口布铺在酒迹之上，然后将酒杯放还原处，重新斟酒。若是宾客不慎将酒杯碰破、碰倒，应做同样处理。

6．斟软饮料时，要按宴会所备品种放入托盘，请宾客选择，待宾客选定后再斟。

案例分析

开水里加冰

·案例情境介绍

秋高气爽，对海滨城市来说，这个季节仍然是旅游旺季，来此旅游的人络绎不绝，当地很有名的鑫鹏酒店生意兴隆。

这天晚餐时间，餐厅里座无虚席，服务员张薇负责的 8 号桌的一位宾客招呼道：“服务员，请给我倒一杯白开水好吗？”

张薇微笑着回答说：“好的，请稍等，这就给您送来。”张薇迅速地为宾客取来了一杯白开水，并为宾客送到餐桌上。

这位宾客看到自己要的白开水送来了，就从口袋里拿出了一包药，摸了摸水杯，皱了皱眉头，没有喝。张薇发现宾客的细微动作后，马上想到的是宾客可能身体不舒服，想要吃药，但又苦于水温太高了。她立即主动询问宾客：“先生，我给您在杯里加些冰块儿降温好吗？”宾客高兴地说：“好的，太谢谢了!”张薇很快给宾客拿来了冰块，放入杯中，水温立即降了下来，宾客顺利地吃了药。宾客临走时，给餐厅经理写了一封表扬信：“你们的服务员工作太到位了，我感受到了优质的服务，非常感谢，有机会一定再来。”

一个细微的身体语言，被服务员张薇“发现”了，随之就“演奏”出一个主动服务的动人插曲。

· 案例评析

这是酒水服务中的超值服务案例。本例中的服务员张薇在服务中及时捕捉宾客的需求信息，细心观察宾客的体态语言，服务于宾客开口之前，而受到宾客的高度赞扬。为宾客加上的是小小冰块，送去的却是缕缕温情。

服务员能否在宾客就餐时，注意到宾客的就餐动态，敏锐地发现宾客微小的动作，及时为宾客提供超值服务，与服务员平时工作中的细心是分不开的。餐厅应注意培养服务员细心的工作习惯，增强服务员热情、主动为宾客服务的意识。

技能训练

训练项目：

为宾客开启酒瓶，进行斟酒服务。

训练方法：

1. 小组讨论如何按下面要求完成本次任务。
2. 每组进行模拟实作：一名服务员，三位宾客。
3. 采用托盘斟酒服务方式，选择正确服务位置。
4. 服务员要征询宾客，为宾客提供不同酒水的服务。

训练要求：

语言准确、姿态优美、操作规范。

实训测试：

由教师给出测试标准，并组织学生对实训项目进行测试与评价。

思考练习

1. 在宾客用餐过程中，宾客不小心碰翻酒杯，服务员该怎么办？
2. 宾客提出酒水有质量问题时，服务员该怎么办？
3. 遇到宾客需要在酒中加冰块时，服务员该怎么办？

实训四　菜肴服务

工作情境

某五星级酒店的中餐厅，宴请活动正在进行，餐厅里觥筹交错，气氛热烈，服务员小王正准备上菜，一位宾客一挥手，菜盘被碰落，现场的用餐气氛受到影响。小王的上菜服务有问题吗？应怎样进行菜肴服务？

工作分析

上菜是服务员将菜肴按规格和一定程序托送上桌的一种服务方式。是餐饮服务的重要环节，也是服务员必须掌握的基本技能。要掌握菜肴服务的程序和标准，为宾客提供满意、熟练而准确的服务。

工作内容

菜肴服务工作流程：

接收菜肴→上菜→报菜名→分菜。

菜肴服务具体工作见表 2-5。

表 2-5　菜肴服务

工 作 流 程	工 作 内 容
接收菜肴	1．从传菜员托盘中取出菜肴 2．配上相应的服务用具 提示：不同的菜肴配不同的服务用具

续表

工 作 流 程	工 作 内 容
上菜 （见图 2-13）	1．调整好台面位置，从宴会上菜处上菜 2．冷菜应在宴会开始前 5 min 摆好，冷菜吃到剩 1/3～1/2 时上热菜，上菜要注意节奏 3．按冷热汤点逐项上菜 4．遇有调料要先上 5．遇有宾客要求，按要求上菜 提示：上菜时，提示宾客，如“对不起，打扰一下”
报菜名	1．服务员上前向宾客报菜名并展示菜品 2．有一些名菜要简单介绍制作方法 提示：用餐不仅是吃饱，而且是一种体验，了解菜名及制作方法是体验的一部分
分菜	1．在餐桌上用分叉、分勺分菜时服务员左手垫上餐巾将菜盘托起，右手拿分菜用的叉匙，腰部稍弯，站在宾客左侧进行分派 2．边分菜边向宾客介绍菜品的特色和风味，注意讲话时头部不要距离宾客太近，呼吸要均匀 3．分菜时要掌握好分量，做到分配均匀 4．分菜时要做到一勺准，不可将一勺菜分给两位宾客，更不允许从宾客盘中向外拨菜 提示：有些酒店餐厅实行分餐制，要视宾客的要求而定

图 2-13　上菜到桌

相关知识

注：此处中餐零点餐厅菜肴服务参照宴会服务的高标准，服务员在具体工作中灵活掌握。

一、中餐宴会上菜基本要求

1．上菜原则

先冷后热，先咸后甜，先菜后点，先浓后淡，先优质后一般。

2．上菜位置

中餐宴会上菜位置一般在翻译和陪同之间进行，也有的在副主人右侧进行，这样有利于翻译和副主人向来宾介绍菜肴口味、名称，但严禁从主人和主宾之间上菜。

3．上菜时机

大型宴会开始前 15 min 左右先把冷盘摆好；宴会开始，当宾客将冷菜用到剩 1/3～1/2 时，开始上第一道热菜。上菜的速度，应根据宴会宾客就餐的情况而定，注意控制上菜的节奏。

4．上菜顺序

中餐宴会上菜顺序应严格按照席面菜单顺序进行。一般为：冷菜→热菜→汤→点心→水果。

但上菜顺序也会因为各地的风俗礼仪的不同而有差异，在广东，汤菜提前在主菜之前上；在新疆，先上饭食与点心，然后上凉菜与热菜。

在多桌宴会中，上菜顺序以主桌为准，先上主桌，再按桌号集中上菜。

二、中餐菜肴摆放

摆菜即是将上桌的菜按一定的格局摆放好，摆菜的基本要求是：要讲究造型艺术，要注意礼貌，尊重主宾，要方便食用。

摆菜的具体要求：

1．中餐酒席的大拼盘、大菜中的头菜，一般要摆在桌子中间。如用转盘，要先摆到主宾面前。汤菜如砂锅、暖锅、炖盅等，一般也摆在桌子中间。

2．高档的菜、有特殊风味的菜、新上的菜，要先摆到主宾位置，在上下一道菜后再顺势撤摆在其他地方，将桌上菜肴作位置上的调整，使台面始终保持美观。

3．酒席中，头菜的观赏面要对正主位，其他菜的观赏面要朝向四周。

4．各种菜肴要对称摆放，要讲究造型艺术。

（1）菜盘一般根据桌面菜肴数量摆放美观："一中心、二平放、三三角、四四角、五梅花。"

（2）摆放时注意荤素、颜色、口味的搭配和间隔，盘与盘之间距离相等。

（3）如果有的热菜使用长盘，其盘子要横向朝主人。

（4）上整鸭、整鸡、整条鱼时，中国传统的礼貌习惯是"鸡不献头，鸭不献掌，鱼不献脊”。即上菜时将其头部一律向右，脯（腹）部朝主人，表示对宾客的尊重。或者根据当地的上菜习惯摆放。

三、上菜要领

1．仔细核对台号、品名和分量，避免上错菜。

2．上有佐料的菜时，先上佐料，再用双手将菜肴端上。上带壳的菜肴时，配套上小毛巾和洗手盅。

3．顺时针转动转台，将新上的菜转至主宾面前，退后一步，报菜名，特色菜肴应做简单介绍。

4．大圆桌上菜时，每上一道新菜都应用转盘转至主宾面前，以示尊重。

5．如果满桌，可以大盘换小盘、合并或帮助分派，注意征求宾客意见。

6．餐桌上严禁盘子叠盘子，应随时撤去空菜盘，保持台面美观。

7．派送菜肴应从主宾右侧送上，依次按顺时针方向绕台进行。

8．菜上齐应告知宾客。用礼貌用语：“菜已上齐，请慢用。”

四、特殊菜肴的上菜方法

1．易变形的菜肴

一出锅应立即端上餐桌，上菜时要轻稳，以保持菜肴的形状和风味。

2．对于有响声的菜

如锅巴海参、锅巴鱿鱼等，一出锅就要以最快的速度端上餐台，立即把汤汁浇在锅巴上，使之发出响声，以达到烘托宴席气氛的目的。

3．上拔丝菜肴

如拔丝苹果、拔丝山药、拔丝地瓜等，应先上凉开水，再上拔丝菜。

4．上带有作料的菜肴

作料应跟菜肴一起上桌，如清蒸鱼附带姜制醋，北京烤鸭附带葱段、甜面酱等，在上菜时可简略说明。

5．上原盅炖菜

如冬瓜盅、西瓜盅、原盅鸡等，上桌后要当着宾客面揭盖，让炖品原制香味在餐台上散发。揭盖时要翻转移开，以免把盖上的蒸气水滴洒在宾客身上。

6．上泥包菜、纸包菜、荷叶包菜

如叫花鸡、纸包鸡、荷香鸡等。要先让宾客观赏后，再拿到操作台，当着宾客的面打破或撕开包皮，用刀叉切开装盘，并按顺序分给每个宾客。这样可保持菜肴的香味和温度。

五、分菜服务

（一）中餐分菜工具及使用方法

1．中餐分菜的工具：分菜叉（服务叉）、分菜勺（服务勺）、公用勺、公用筷、长把勺等。

2．分菜工具的使用方法

（1）服务叉、勺的使用方法如图 2-14 所示。一种是拇指与食指捏住叉柄；无名指在上，中指与小指在下，把匙柄夹在中间，起稳定作用，匙心向上。另一种是拇指与食指夹住叉柄，其余的三个指头要裹住匙柄。这是欧美人习惯的一种拿法。分带汁菜肴时用服务勺盛汁。

图 2-14　分菜叉勺的使用方法

（2）公用勺和公用筷的使用方法：服务员站在与主人位置呈 90° 的位置上，右手握公用筷，左手持公用勺，相互配合将菜肴分到宾客餐碟之中。

（3）长把汤勺的使用方法：分汤菜，汤中有菜肴时需用公用筷配合操作。

（二）分菜服务要求

1．分菜前先将菜端上桌示菜并报菜名，用礼貌的用语“请稍等，我来分一下这道菜”，然后再进行分派。

2．分菜时要掌握好数量，做到一勺准、一叉准，不可将一勺分给两位宾客，亦要避免一位宾客两勺。

3．有卤汁的菜肴，分菜要带卤汁。有配料的菜要先将配料放入餐盘。

4．注意敬重主宾，把菜品优质的部分让给主宾。

5．菜可不全分完，留下 1/10 左右，以示菜的宽裕和准备给宾客添加。但现在流行的分法是另一种一次分完，以减少浪费。

（三）分菜方式

根据宴会的标准、规格，按照宴会上菜和分菜的规范进行菜肴服务。可用转盘式分菜、旁桌式分菜、分叉分勺派菜和各客式分菜，也可以将几种方式结合起来使用。

1．转盘式分菜服务

（1）提前将与宾客数相等的餐碟有序地摆放在转台上，并将分菜用具放在相应位置；核对菜名，双手将菜奉上，示菜并报菜名。

（2）用长柄勺、公用筷或分叉、分勺分派；全部分完后，将分菜用具放在空菜盘里。

（3）迅速撤身，取托盘，从主宾右侧开始，按顺时针方向绕餐台进行，撤前一道菜的餐碟后，从转盘上取菜端给宾客。

（4）完成后，将空盘和分菜用具一同撤下。

2．旁桌式分菜服务

（1）在宾客餐桌旁放置一辆服务车或服务桌，准备好干净的餐盘和分菜用具。

（2）核对菜名，双手将菜端上餐桌，示菜、报菜名并做介绍；将菜取下放在服务车或服务桌上分菜。

（3）菜分好后，从主宾右侧开始，按顺时针方向将餐盘送上。

（4）注意在旁桌上分菜时应面对宾客，以便宾客观赏。

3．分叉分勺派菜法

（1）核对菜品，双手将菜肴端至转盘上，示菜并报菜名；然后将菜取下，左手用餐巾托垫菜盘，右手拿分菜用叉和勺。

（2）从主宾左侧开始，按顺时针方向绕餐台进行；动作姿势为左腿在前，上身微前倾，呼吸均匀。

（3）分菜时做到一勺准、数量均匀，可以一次性将菜肴全部分完，但有些地区要求分完后盘中略有剩余，并放置转盘上。

4．各客式分菜服务

此法适用于汤类、羹类、炖品或高档宴会分菜。

厨房工作人员根据宾客数在厨房将汤、羹、冷菜或热菜等分成一人一份；服务员从主宾开始，按顺时针方向从宾客右侧送上。

（四）代表性菜肴的分菜方法

1．分让鱼类菜肴，要先剔除鱼骨。方法是先将鱼身上的其他配料拨到一边，用餐刀顺脊骨或鱼中线划开，将鱼肉分开，剔出鱼骨后，再将鱼肉恢复原样，浇上原汁，注意不要将鱼肉碰碎，要尽量保持鱼的原形。再用餐刀将鱼肉切成若干块，按宾主先后次序分派。剔除鱼骨的操作方法如图 2-15 所示。

图 2-15　剔除鱼骨的操作方法

2．分让拔丝菜肴，必须配上凉开水。分让时用公用筷将菜肴夹起，迅速放入凉开水中浸一下，然后送入宾客碗中，要注意拔丝的效果，分让动作要敏捷、连贯，做到即拔、即上、即浸、即食。

3．分让鸡、鸭等整形类菜肴，要先用刀、叉剔去骨头，分让时要按鸡、鸭类菜肴的自身结构来分割及分派，要保持其形状的完整和均匀，一般头尾不分派，由宾客自行取用。

4．分让冬瓜盅。冬瓜盅是夏令名菜、带皮的炖品，由于瓜身高，一般要两次分派。第一次先用服务勺将冬瓜肉和盅内配料汤汁均匀地分给宾客，由于分让后的瓜皮很薄，容易破裂，所以必须横切去上部瓜皮后再进行第二次分让。

5．分让烤乳猪，则应用刀片。第一次先片下外皮，片下后原样复好，打上菱形花刀后，端上餐桌；第二次片肉如上。

6．分让汤类菜肴。先将盛器内的汤分进宾客的碗内，然后再将汤中的原料均匀地分入宾客的汤碗中。

案例分析

顽皮的龙虾

· 案例情境介绍

一个秋日的傍晚，正值晚餐时间，大连某五星级酒店的贵宾餐厅，一位服务员错将宾客点的龙虾端到了另一后到宾客的餐桌上去。当这桌宾客津津有味地品尝着龙虾时，而先点了龙虾的那一桌宾客正在为龙虾迟迟未上而急催服务员。两桌的宾客都是店里的老主顾，怎么办？

通过宾客的反应，餐厅领班意识到是菜上错了。她来到宾客面前，面带微笑，温和地道歉："对不起，让您久等了！"而后风趣地说："不知今天的龙虾为什么这么顽皮，蹦到隔壁的桌上去了！害得你们久盼不到。请再等一下，厨师再抓一只。”

宾客听她这么一说，再看她满脸的真诚，都笑了，有个宾客很风趣地说：“不就是一只龙虾吗？哈哈。”

领班马上说：“谢谢各位了!”

宾客的心情非但没有受到影响，用餐气氛还因这小小的插曲掀起一个高潮。

· 案例评析

上错菜在餐厅是个常见的错误，如果处理不好，很可能引起宾客与酒店的纠纷。

此案例中菜肴上错桌，是由于传菜员传错台位，而值台员又未核对造成的。处理这类问题时，服务员要首先承担责任，诚恳赔礼道歉，然后尽快给点菜的宾客补上所点菜肴。而对菜肴错上桌的宾客，更要虚心承认错误，诚恳地向宾客解释，再为给宾客添了麻烦致歉，求得宾客谅解。对于错上的菜品，要用婉转语言征求宾客意见，可否付此菜款，且定要打折优惠。若宾客拒付，则不要勉强宾客，而应由造成经济损失的当事人承担。

此例中的餐厅领班，在处理菜肴错上桌的事故中，不仅是按程序做的，而且用诚心与幽默化解了矛盾，妥善地处理了事故，表现出了高超的服务艺术。

技能训练

训练项目：

上菜分菜。

训练方法：

学生根据教师的讲解及示范，进行模拟实际操作。

训练要求：

工作步骤流畅，技能操作准确、规范。

实训测试：

由教师给出测试标准，并组织学生对实训项目进行测试与评价。

思考练习

1. 如果宾客表示食物未熟、过熟或味道不好，服务员该怎么办？
2. 上菜时，台面菜肴已满，服务员该怎么办？

实训五　席间服务

工作情境

凯莱酒店中餐厅，用餐正在进行中，服务员有条不紊地进行着服务。服务员小张正在撤换餐碟，对面的宾客又让她酒水开瓶，她有礼貌地说："对不起，请您稍等一下。"随后，她立刻为宾客打开酒瓶。

工作分析

席间服务几乎贯穿餐厅服务的全过程，与宾客面对面接触，相关服务与技能特别多，要注意操作细节，并与宾客进行很好的沟通。做好席间服务，体现着服务员过硬的基本功及良好的素质。

工作内容

席间服务工作流程：

（注：其中的环节顺序是不确定的，这一环节的服务是穿插进行的。）

菜肴服务→服务酒水→服务茶水→更换餐具→更换毛巾→整理台面→解决问题。

席间服务具体工作见表 2-6。

表 2-6　席间服务

工 作 流 程	工 作 内 容
菜肴服务	1．服务技巧同上菜、分菜服务技能 2．把握上菜时机，合理适时分菜 （详见实训四—菜肴服务）

续表

工 作 流 程	工 作 内 容
服务酒水	1. 随时观察宾客用酒情况，在宾客饮用剩至 1/3 时，及时斟酒 2. 掌握宾客酒水情况，及时推销，提供添酒水、饮料等服务 （详见实训三—酒水服务）
服务茶水 （见图 2-15）	1. 当发现宾客茶杯内茶水不足 1/2 时，站在宾客右侧，右手持壶把、左手轻按壶盖斟倒，以八分满为宜 2. 若宾客要求自斟，则将茶壶放于餐桌副主宾左侧 3. 适时添加茶水、酌情添加茶叶
撤换餐具 （见图 2-16）	1. 更换餐盘前，要确认宾客已将盘中食物吃完。宾客放下筷子而菜未吃完时，应征得宾客同意后再更换 2. 按先宾后主的顺序依次更换 3. 使用托盘更换时，先换脏餐具后换新餐具，从宾客右侧顺时针方向进行， 用过的餐具和干净的餐具要严格分开 4. 徒手换盘时，站在宾客右侧，用右手撤下，将其放入左手，左手要移到宾客身后 5. 将用过的餐具及时换下
更换毛巾 （见图 2-17）	程序与标准同迎宾服务中的第一次毛巾服务
整理台面	1. 时刻保持餐台清洁卫生，出现杂物或空盘应征得宾客同意后及时撤去 2. 如果餐桌台面上有剩余食物，要用专用的服务用具，切忌用手直接操作
解决问题	1. 遇有宾客加菜，要主动介绍菜肴，帮助宾客选菜，并开单下厨 2. 遇到宾客赶时间催菜，应及时与厨房联系，尽快将菜上桌 3. 遇有宾客喝醉，应及时上毛巾、热茶，并备好塑料袋，以防宾客呕吐，然后告知领班或主管 4. 遇有宾客打翻茶碗、水杯等，应及时递上毛巾，安慰宾客不必惊慌 5. 遇有缺菜时，应婉转告诉宾客，并推荐其他菜 6. 遇有杂物时，先道歉并撤下该菜，告之主管去处理 7. 遇有上菜错误，宾客未用的，应征求意见是否需要。如不要，表示歉意，并撤下。如宾客要就加单。如宾客已动筷，就赠送 提示：及时发现并解决问题，让宾客满意

相关知识

一、席间服务

席间服务时，要勤巡视、勤斟酒，并细心观察宾客的表情及需求，主动提供服务。

（1）保持转盘整洁。

（2）宾客席间离座，应主动帮助拉椅、整理餐巾；待宾客回座时应重新拉椅、递铺餐巾。

（3）宾客席间站起祝酒时，服务员应立即上前将椅子向外稍拉，坐下时向里稍推，以方便宾客站立和入座。

（一）茶水服务

1．问茶：站在宾客右侧，介绍餐厅有哪些茶，然后征询宾客喝哪一种：“先生/女士，我们餐厅有××茶等，请问您喝哪一种？”

2．泡茶：根据不同茶水的制备方法进行制备。

3．斟茶

（1）用茶壶斟茶时，一般站在宾客右侧，右手持壶把、左手轻按壶盖斟倒或右手持壶把，左手托垫盘斟倒，斟茶服务如图 2-16 所示。

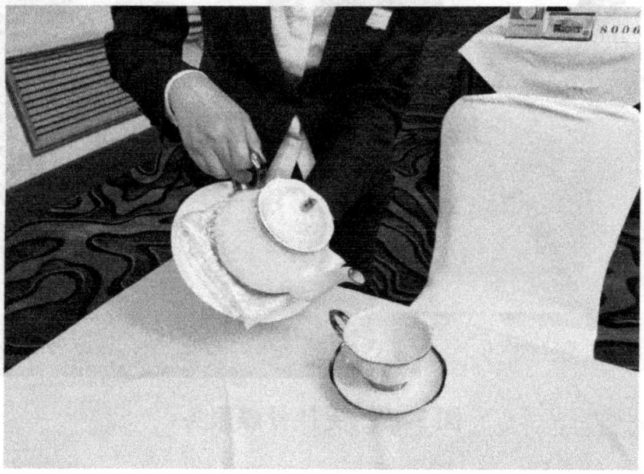

图 2-16　斟茶服务

（2）先给主宾或长辈或女士斟倒七八成，再依次服务其他宾客。

（3）蓄满开水之后将茶壶放在桌上，壶嘴不可对着宾客。

（4）当发现宾客茶杯内茶水不足 1/2 时应及时斟茶。

4．添水加茶

（1）注意观察，适时添加茶水、酌情添加茶叶。

（2）在用餐过程中，宾客自己斟倒茶水时，习惯将壶盖移位至壶柄，表示要添加茶水。此时应迅速上前致歉，请宾客稍等，立即添加茶水或茶叶，并帮助宾客斟倒。

（二）撤换餐具

1．撤换时机

中餐零点餐厅更换餐具的次数要看具体情况而定。

（1）带壳、带骨的菜肴，如盐水鸭、基围虾和螃蟹等菜肴用后需更换干净的骨碟。

（2）带糖醋、浓味汁的菜肴需更换骨碟。

（3）汤碗应用一次换一次。

（4）上名贵菜肴前应更换餐具。

（5）菜肴口味差异较大时应更换餐具。

（6）上甜品、水果前要更换餐具。

2．更换方法

（1）在宾客右侧进行服务，左手托盘，右手先换下用过的骨碟，然后送上干净的骨碟。更换骨碟服务如图 2-17 所示。

图 2-17　更换骨碟服务

（2）从主宾开始顺时针方向绕台进行。

（3）个别宾客没有用完的骨碟，可先送上一只干净的骨碟，再根据宾客意见换下前一只骨碟。

（4）托盘要稳，物品堆放要合理。

（5）尊重宾客的习惯。

（三）更换毛巾

方法：同迎宾服务中第一次毛巾服务。毛巾服务如图 2-18 所示。

图 2-18　毛巾服务

二、建立良好宾客关系

（一）建立良好宾客关系的要素

1．记住宾客姓名

在对客服务中，记住宾客的姓名并以宾客的姓氏称呼，可以创造一种融洽的客我关系。对宾客来说，当员工认出他时，他会感到自豪。

2．注意词语选择

以恰当的词语与宾客交谈、服务、道别，可以使宾客感到与服务员的关系，不仅是一种简单的商品买卖关系，更是一种有人情味的服务与被服务的关系。

3．注意说话时声音与语调

语气、语调、声音是讲话内容的“弦外之音”，往往比说话的内容更重要。宾客可以从这几方面来判断你是欢迎还是厌烦，是尊重还是无礼。

4．注意聆听

听与讲是对宾客服务中与宾客沟通的一个方面，注意聆听可以显示出对宾客的尊重，同时有助于我们更多地了解宾客，更好地为其服务。

5．注意面部表情和眼神

面部表情是服务员内心情感的流露，即使不说，表情仍然会告诉宾客态度的好坏。当客服的目光与宾客不期而遇时，不要回避，也不要死盯着宾客，要通过适当的接触，向宾客表明你的诚意，因为眼睛是心灵窗口。

6．注意站立姿态

站立的姿势可以反映出对宾客是苛刻、厌烦、淡漠、还是关心、关注、欢迎等各种不同的态度。当遇到宾客时应站好，忌背对宾客。

（二）掌握建立良好宾客关系的技巧

1．善于预见和掌握宾客光顾餐厅的动机和需要

在对客服务中应善于体察宾客的情绪及获得服务后的反应，采取针对性服务。

2．善于理解、体谅宾客

在对客服务中应多从宾客的角度来考虑问题。

3．对客服务要言行一致

餐厅服务要重视对宾客的承诺，不光说得好，而且要做得好。

4．平等待客、一视同仁

餐厅优质服务的基础是尊重宾客，任何一位宾客都有被尊重的需要。在提供服务时，要摒弃“看人下菜碟”的坏习气，禁止以貌取人和以职取人，而应平等、友好地对待每一位宾客。

5．真诚的态度和热情周到的服务

真诚、热情、周到的服务使宾客感受到对他的关心、理解和体谅并满足了他的正当要求。

6．重视第一印象

如果第一印象好，即使宾客碰到服务工作中的疏忽过错，也会原谅。

三、特殊问题的处理

宴会进行过程中，会遇到形形色色的人和发生一些难以预料的意外。宴会厅工作人员应具有较强的应变能力，并按既定的方针和原则妥善处理。

（一）年幼的宾客

儿童的特点是没有耐心、好动、喜爱参与、喜欢边吃边玩和动作控制能力差。为他们提供服务时应提供儿童椅，并将餐桌上易碎餐具挪至远处。注意不要随意抚摸孩子的头、脸，不要抱孩子，不能给孩子东西吃，更不能单独把他们带走。孩子离开座位在餐厅内奔跑，应提醒家长注意安全。

（二）残疾宾客

一般此类宾客自尊心都很强，宴会厅在为其提供服务时，应做到尊重、关心、体贴和适当地照顾，使他们感觉到是被帮助而不是被同情。

对有眼疾的宾客，迎宾时应轻轻扶持并告知行走路线。值台服务员应将宴会菜单内容读给他们听，分菜时，一定要把上菜的位置告知宾客，并询问是否有特殊要求。

对聋哑宾客，应用手语或笔和纸交流。

对残障宾客，应提供能挡住残疾部位的餐位，如轮椅尽量靠墙放置，不要放在人流来往的过道；右手不方便的残障宾客，应将筷子放在左手边或提供餐勺。

（三）生病宾客

对生病的宾客服务时要镇静、迅速和妥帖。服务员发现宾客在餐厅用餐时感到不适，应立即通知上级和医务人员，尽量避免打扰餐厅其他宾客用餐。严禁擅自送药给宾客。

（四）醉酒宾客

对于在餐厅饮酒过度的宾客，要有礼貌地谢绝宾客的无理要求，并停止提供含酒精成分的饮料，可以提供果汁、矿泉水等软饮。遇到困难时，可以请求上级和宴会同来的其他宾客的帮助。如醉酒人有呕吐，应立即清理污物，并送上小毛巾和热茶，不得显出不悦的表情。

（五）人数变动

对宴会临时增加人数时，应视增加的数量，摆上相应的餐具用品，可以分散插入各桌。若无法容纳，征求宾客意见安排到附近适合的空宴会厅，同时通知厨房，根据最后实际人数计算账单。

（六）突然停电

要求酒店自备发电机和两路供电，尽量避免停电。如发生意外停电，应保持镇静，稳定宾客情绪，并告知临时停电，请勿随意走动，以免造成意外伤害；立即采取临时照明措施，如点蜡烛、点亮应急灯，并特别注意洗手间和走廊照明。因停电给宾客带来的诸多不便，可以在恢复供电后，向宾客表达歉意。

（七）发生火灾

导致餐厅发生火灾的原因主要有厨房的油锅着火、电线老化。发生不可控制的火灾时，应注意以下几点：

（1）保持镇静，并立即报告总机。

（2）大声告知宾客不要慌乱，听从工作人员指挥，组织宾客从安全绿色通道疏散到安全区域，不能乘电梯。

（3）如有浓烟，协助宾客用湿毛巾捂住口鼻，弯腰行进。

（4）开门前，先用手摸门是否有热度，不要轻易打开任何一扇门。

（5）疏散到安全区域后，不可擅自离开。

四、宾客投诉处理

投诉是在餐饮服务中经常面临的问题。投诉处理不当，则可能失去宾客，而且还会对餐厅造成极坏的影响。

餐饮管理者应正确认识投诉，要珍惜这些机会，重视投诉，迅速推出补救服务，力争使不满意的宾客重新成为自己的宾客。

（一）宾客投诉的类型

宾客的投诉可以归纳为以下四类。

1．对设备的投诉

宾客对设备的投诉主要包括空调、灯光照明、音响设备、家具与餐饮卫生等。在投诉发生之前做好检查、维修、保养工作，把投诉减少到尽可能低的限度。

2．对服务态度的投诉

在服务过程中服务员应用友好、热忱的态度对待宾客，反之，在服务过程中服务员没有笑容，表现不耐烦，或对宾客的提问及要求不予理睬，会导致宾客感情受到伤害。在这种情况下，任何一个小的过失，都会导致宾客的投诉。

3．对服务质量的投诉

任何宾客对服务质量都会有一定的要求，无论是单独就餐的宾客还是款待亲朋的主人，都不愿长时间地等待，食品或饮料服务不及时或者过慢，都可能引起宾客的不满。如果宾客的等待超过 5 min，性情急躁的宾客就会提出不满；而绝大多数宾客如果等待 10 min，还没有服务员来关照，那么，这时提出的投诉将比第一种情况更严重。

菜、酒和饮料的质量不佳也会引起投诉。例如，菜肴原料变质；葡萄酒由于储存不当而变质等。通常遇到这类投诉，只有及时更换后才能令宾客满意。

4．对异常事件的投诉

对于这类投诉，餐厅难以预见。如生意失败、赛场失意等，宾客心情不好，在服务中稍有不慎就会引发投诉。遇到这类问题，服务员要以真诚的态度对待宾客，大部分宾客是能谅解的。

（二）处理投诉的原则

服务员应正确认识投诉，宾客对餐厅投诉是正常现象，是宾客对餐厅信任的表现。正确处理投诉是提高服务质量的必要保证。因此，在处理宾客投诉时，应注意遵守以下两项基本原则。

1．真心诚意地帮助宾客解决问题

宾客投诉，说明餐厅的管理及服务工作尚有漏洞，说明宾客的某些需求没有被满足。

服务员应理解宾客的心情，同情宾客的处境，努力识别及满足宾客的真正需求，满怀诚意地帮助宾客解决问题。只有这样，才能赢得宾客的信任与好感，才能有助于问题的解决。

2. 绝不与宾客争辩

遇到宾客投诉时，应选择适当的地点接受投诉，尽量避免在公共场合接受投诉；其次应该认真听取宾客的讲述，对宾客的遭遇表示歉意，还应感谢宾客对餐厅的关心。当宾客情绪激动时，服务员应保持冷静，注意礼貌，不与宾客争辩。

（三）处理投诉的程序

1. 宾客投诉心理分析

（1）发泄心理

宾客在碰到令自己烦恼、恼怒的事情之后，或者被讽刺挖苦甚至被无礼对待、辱骂之后，心中充满怒气、怒火，要利用投诉的机会发泄出来，以维持他们的心理平衡。

（2）尊重心理

宾客希望他的投诉是对的，应得到同情、尊重，希望有关人员重视他的意见，向他表示歉意，并立即采取行动。

（3）补偿心理

宾客在蒙受了损失后，向有关部门投诉时，希望能得到补偿。这是一种普遍的心理，如食物不洁，希望退换。

许多情况下，宾客投诉的目的是综合性的，既有经济上的需求，又有心理上的需要。

2. 处理宾客投诉的主要程序

（1）承认宾客投诉的事实

为了更好地了解宾客所提出的问题，必须认真听取宾客的叙述，使宾客感到他的问题受到了重视。倾听时应注视宾客，不时点头示意，表示理解明白，并表示歉意。

为了使宾客能消气，还应对事件做好笔录，以示对宾客的尊重。

（2）表示同情和歉意

应设身处地地分析问题，对宾客的感受要表示理解，用适当的语言给宾客以安慰，如“发生这样的事情，我感到很遗憾。”“我很理解您的心情。”向宾客表示歉意“我们感到十分抱歉，先生。”“我们将对此事负责，感谢您对我们餐厅提出的宝贵意见。”等。

（3）同意宾客要求并决定采取措施

当接到宾客投诉时，应理解宾客的心情，弄明白投诉事件的经过，采取补救措施时，应征得宾客的同意，应事前将要采取的措施或计划有礼貌地通知宾客。这样才有机会使宾客的抱怨变为满意，并使宾客产生感激的心情。可采用问询语的方式以征求宾客对即将采取改正措施的同意。如“李先生，我们这样处理，您看是否合适?”“王女士，我这样去做，您满意吗?”等。

（4）对宾客的批评指教要充满感激之情

在许多餐厅都有这样的广告词："如果满意，请告诉你的朋友；如果不满意，请告诉我。"如果宾客遇到不满意的服务，他不告诉餐厅服务人员，也不提出投诉，但他把自己的不满告诉他的宾客和朋友，这样就会极大地影响餐厅的未来客源市场，影响餐厅的声誉。为此，当餐厅遇到宾客的批评、抱怨甚至投诉时，不仅要欢迎，而且要表示感谢。感谢宾客给餐厅重新改正的机会。例如，"谢谢您，王女士，您及时让我们知道服务中的差错，太感谢您了！"

（5）要认真落实补偿宾客投诉的具体措施

处理宾客投诉并获得良好效果，其中重要的一环便是落实、监督、检查自己采取的纠正措施。其一，要使改进措施顺利进行；其二，要保障服务设施及服务水准；其三，要了解宾客对处理结果的满意度。大部分对餐厅怀有感激的宾客是因投诉问题得到妥善处理而感到满意的宾客。

在处理投诉的过程中，会遇到不同类型的宾客，在处理过程中，应随机应变、灵活处理。在投诉过程中，宾客情绪一般会表现得较为激动，服务员则应保持冷静，态度要诚恳，语调要略低，要和蔼可亲，要让宾客的情绪慢慢平静下来，这样才能有利于解决问题。所有的宾客都是有感情的，也是通情达理的，投诉宾客的最终满意度，主要取决于他抱怨后的特殊关怀和关心程度。让宾客得到精神上的安慰和适当的经济补偿一般可以解决问题。

为了更好地处理宾客的投诉，服务员不但要掌握处理投诉的原则和方法，还应在工作中不断地提高自己的观察能力和服务水平。只有这样，才能更好地为宾客提供优质服务，才能持续不断地提高宾客对餐厅的满意程度。

经典小案例

席间服务中的应变能力

在北京某大酒店仿膳餐厅，宾客在用餐过程中突然停电了，宾客中发生了一阵骚动。这时服务员处变不惊，一面请大家不要惊慌，一面点燃蜡烛，同时亲切地说"请大家在烛光下体验一下古老的宫廷用餐。"片刻电灯复明，宾客不但没有表现出来不悦，反而投以热烈的掌声。服务员不但很好地解决了停电带来的尴尬，而且使之变得很有情调。这种服务中的应变能力展现了服务员高超的服务技巧。

服务情境对话——Serving dishes 进餐时的服务

W: Waiter　G: Guest

W: Your steak with black pepper, sir.

您的黑椒牛排，先生

G: Good.
好的。

W: Your Fried Shrimp Balls, sir.
您的炸虾球，先生。

G: It doesn't look like it!
看起来不像。

W: It's made from ground fresh shrimps, sir.
先生，它是用磨碎的鲜虾做成的。

G: What's this seasoning made from?
这调味料是用什么做的?

W: It's a mixture of pepper and various spices. Your can put it on your food.
那是胡椒和多种香料混合成的，您应该把它洒在食物上。

G: I see. And what do you call these?
我知道了。你们把这些叫什么?

W: They are called Chinese Dumplings. Please mix a little soy sauce and sesame oil on this plate and dip them into it before eating.
这些叫中式水饺，请加一点酱油和麻油在碟子上，吃前沾一下。

G: Right. Thanks a lot.
好的，非常感谢。

W: You're welcome, sir. Please enjoy your meal.
不客气，先生。请好好享用。

案例分析

服务热情周到的尺度

· 案例情境介绍

某日，哈尔滨的张先生陪着三位台湾宾客来到某高级酒店用餐。用餐开始后，新来的服务员就开始了热情周到的服务。服务员在服务期间始终面带微笑，手疾眼快，一刻也不闲着：上菜时报菜名，见宾客杯子空了马上斟酒，见菜碟的菜没有了立刻布菜，见菜碟上的骨刺皮壳多了随即更换。汤上来后，服务员接着为他们盛汤，宾客第一碗汤还没有喝完，她便开始为宾客添汤。她站在餐桌边来回走动，并礼貌地不时询问宾客还有何需要，搞得张先生和三位宾客拘谨起来。

其中一位宾客把筷子放下，拿起水杯喝水，“先生，给您填水”服务员见宾客杯里水不满，立即拿来水壶给他加水。然后又分菜送到他面前。感觉服务员一刻不停地在他面前晃来晃去。“张先生，这里的服务太周到、太热情了，就是让人有点透不过气来，我们还是赶快吃完走吧。”宾客悄悄地对张先生说完便急忙用餐。当服务员给他们上最后一道菜时，他们谢绝了服务员的布菜，各自吃两口便匆忙离去，服务员把宾客送走后，明显感觉到了宾客对他的服务并不认可，但是一头雾水，搞不明白宾客到底因为什么不满意，难道自己的服务不热情、礼数不周到吗？

· 案例评析

餐厅服务员对到本餐厅用餐的宾客要做到礼貌、热情、细致、周到，但凡事都要掌握好尺度，过犹不及，餐饮服务也是如此。本例中，服务员的服务热情很高，但节奏显得太快，给人一种紧张的压迫感。现今餐饮服务中，流行一种无干扰服务的形式。这种服务一定要注意服务的节奏感，以宾客的需要为服务的尺度。“热情服务”和“无干扰服务”均要根据宾客的具体需求来掌握，分寸掌握不好容易起到相反的服务效果，两者需要相互结合，灵活运用。

技能训练

训练项目：

中餐宴会席间服务项目如下。

1. 茶水服务。
2. 更换骨碟。
3. 更换烟缸。
4. 更换毛巾。

训练方法：

角色扮演、情境导入。

训练要求：

工作步骤流畅，技能操作准确、规范，语言运用准确、得体。

实训测试：

由教师给出测试标准，并组织学生对实训项目进行测试与评价。

思考练习

1. 做好中餐宴会席间服务应知应会的知识与操作技能有哪些？
2. 小组活动：针对席间服务的各个环节，运用适合的语言，设计一个席间服务情境。

实训六 结账收银

工作情境

正值年终岁尾，一个冬日的夜晚，在中国大酒店中餐厅，王先生宴请他生意上的合作伙伴，现宾客已用餐完毕，王先生示意结账，餐厅服务员告诉宾客稍微等候一下，并拿来账单为他们进行结账服务。

工作分析

上菜完毕后即可做结账准备。餐厅通常采用的结账方式主要有现金结账，支票结账，签单结账，银行卡结账和微信、支付宝结账。结账时要注意清点所有酒水等包括点菜单以外的费用并累计总数，并防止逃账现象的发生。

工作内容

结账服务工作流程：

结账准备→递送账单→结账（5 种方法）→礼貌致谢。

结账收银具体流程和方法见表 2-7。

表 2-7 结账收银具体流程和方法

工 作 流 程	工 作 内 容
结账准备	1．给宾客上完菜后，服务员要到收银台核对账单。当宾客要求结账时，可以带宾客到前台结账，也可以在餐桌为宾客结账 2．到餐桌为宾客结账时，请宾客稍候，到收银台取账单，将账单放入账单夹内，准备好结账用笔

续表

工 作 流 程	工 作 内 容
递送账单（见图 2-19）	拿着账单夹走到买单者右侧，打开账单夹，账单正面朝向宾客，递至买单者面前，请买单者看账单，注意不要让其他宾客看到，并说："先生/女士，这是您的账单，请过目。"
方法一：现金结账	1．宾客付现金时，服务员要礼貌地在餐桌旁当面点清，请宾客稍候，将账单及现金拿给收款员，核对收款员找回的零钱及账单 2．服务员将账单上联、零钱、发票夹在结账夹内，返回站在买单者右侧，打开账单夹，递送给买单者，并说："这是找您的零钱，请点清。" 3．如买单者要求到收银台结账，服务员应礼貌地引领买单者到收银台
方法二：支票结账	1．如买单者使用支票结账，应礼貌地请买单者出示身份证或工作证及支票，然后将账单及支票、证件同时交给收款员 2．收款员办理结账手续，填写支票，记录证件号码及联系电话 3．服务员核对后，将账单、支票存根、有关证件、发票送还买单者
方法三：签单结账	1．如果是住店宾客，服务员可礼貌地要求宾客出示房卡 2．递上笔，示意宾客写清房间号码（或合同单位、人名等），并签名 3．宾客签好账单后，将账单重新夹在结账夹内，拿起结账夹 4．将账单送交收银员，以查询宾客的名字与房间号码是否相符 提示：签单结账只适用于住店宾客、与酒店签订合同的单位、酒店高层管理人员及酒店的 VIP 宾客等
方法四：银行卡结账	如果宾客使用银行卡支付，带宾客到收银台 1．可以用酒店 POS 机收银系统，分为传统 POS 和智能 POS（可以外接扫码枪） 2．直接用银行卡完成支付 3．打印账单，交付宾客确认签字。结账单一式两联，一联收银员留存，另一联给宾客 4．如果是会员还可以用储值、积分进行支付
方法五：微信、支付宝结账	如果宾客使用微信和支付宝支付，带宾客到收银台 1．可以用聚合支付或者扫描枪扫描 2．服务员输入金额，宾客出示付款码（二维码），完成支付后，页面会提示支付成功 3．打印账单 4．如果是会员还可以用储值、积分码进行支付
礼貌致谢	结账完成后，真诚地感谢宾客，欢迎宾客下次光临

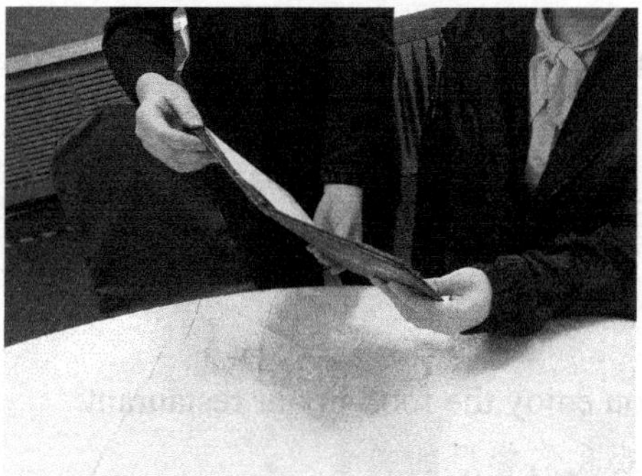

图 2-19　递送账单

相关知识

为了方便宾客消费，酒店餐厅都接受各大银行的信用卡和借记卡的结账业务。

1．常见信用卡、借记卡

（1）国内常见的信用卡或借记卡有中国银行的“长城卡”，工商银行的“牡丹卡”，农业银行的“金穗卡”，建设银行的“龙卡”，华夏银行的“华夏卡”，交通银行的“太平洋卡”，上海浦东发展银行的“东方卡”等。

（2）国内接待的外卡常见的有万事达卡（Master Card）、维萨卡（Visa）等。

2．受理信用卡时的审查事项

（1）确为本单位可受理的信用卡。

（2）信用卡在有效期内，未列入“止付名单”。

（3）签名条上没有“样卡”或“专用卡”等非正常签名的字样。

（4）信用无打孔、剪角、毁坏或涂改的痕迹。

（5）持卡人忘带身份证，但使用智能卡、照片卡或持卡人凭密码在销售点终端上消费、购物，可免验身份证。

（6）卡片正面的拼音姓名与卡片背面的签名和身份证件上的姓名一致。

服务情境对话——Serving bill 结账服务

W: Waiter　G: Guest

G: We'd like to pay the bill.
我们想买单。

W:（Bring the bills）Here is your bill, sir.
（递上账单）这是你们的账单，先生。

G: Can I put it on my account?
可以记在酒店的账单内吗?

W: Yes, sure. Please sign here and write down your room number, sir. Can you show me your room card?

当然可以，请在这里签名，并写上您的房号，您能给我看看您的房卡吗?

G: Here you are.

在这里。

W: Thank you. I hope you enjoy the food in our restaurant.

谢谢。希望你们喜欢我们餐厅的美食。

案例分析

先签的账单

· 案例情境介绍

小王是某四星酒店餐厅新来的服务员，一天晚上，餐厅来了两位宾客用餐，当饭菜点齐宾客准备用餐时，其中一位宾客忽然拍了一下脑门，匆忙站起身对小王说："服务员，我们是902房间的宾客，忘记了一件重要的事情，得马上出去办理一下，等一会儿回来，再继续用餐可以吗？"小王第一次遇到这样的情况一时不知道如何处理才好，愣在了那里。这时恰巧餐厅领班就在旁边，目睹了发生的一切。领班微笑着对宾客说："两位先生请留步，这位服务员是新来的，不了解餐厅的规定。麻烦您先出示一下房卡、再签一下账单好吗？"宾客接受了领班的建议，出示了房卡，又签了账单。领班对宾客说："二位先生对不起，耽误您宝贵的时间了！饭菜我们会给您留着，您别着急，回来慢慢享用!"两位宾客放心地走了。

一小时后，两位宾客返回，领班和小王立即上前热情周到地服务。宾客用餐完毕，满意而去。

· 案例评析

本例是推迟用餐的账务处理问题。案例中领班冷静地按酒店规章制度办事，一丝不苟，认真负责。这样处理既可以防止宾客跑单，又可以保证宾客无论多晚回来都能及时用餐，做得十分妥当。同时，领班和蔼、礼貌的态度，婉转的语言，表现出很高的服务艺术。

技能训练

训练项目：

现金结账。

训练方法：

角色扮演法、情境导入。

1．分小组讨论，设计一个情境。

2．写出模拟对话程序。

3．每组派代表表演。可由一名学生扮演服务员，两名学生扮演宾客。

4．学生互换角色。

5．学生点评，教师指导。

训练要求：

工作步骤流畅、规范，语言运用准确、得体。

实训测试：

由教师给出测试标准，并组织学生对实训项目进行测试与评价。

思考练习

1．结账方式有哪几种？叙述现金结账的服务方法。

2．用头脑风暴法进行案例分析。

（1）张先生与他的两位朋友用完餐后径直走出餐厅，服务员小王意识到宾客没结账，有逃账的可能。这种情况下，小王应该怎么办？如何运用语言艺术巧妙地解决问题？

（2）宾客用餐结束，要求结账。拿来账单后，宾客反映账单不对，多收了一瓶茅台酒钱。作为服务员，你该怎么办？

实训七　送客服务

工作情境

某大酒店中餐厅的16号餐台，一个宴请活动已经结束，主客双方脸上洋溢着笑容，表示对今天该酒店的服务非常满意。现宾客起身离座，服务员依然微笑着做好为宾客服务的最后一个环节——送别宾客。

工作分析

送客服务是餐厅服务工作能否做到善始善终的体现，是巩固第一印象，给宾客留下完美印象、引发下次消费行为的关键，同时也可体现酒店的管理水平。在送客服务过程中，服务员应做好征询意见、为宾客拉椅、提醒宾客带好随身物品、送客道别、物品检查等工作，做到礼貌、耐心、周到，让宾客高兴而来，满意而归。

工作内容

送客服务工作流程：

征询意见→打包→拉椅、提醒→致谢、道别→送客→物品检查。

送客服务具体工作见表 2-8。

表 2-8　送客服务

工作流程	工作内容
征询意见	宾客用餐完毕后主动征询宾客用餐的意见和建议，做好记录，同时向宾客表示感谢
打包	宾客提出打包时，服务员应迅速到收银台领取相应数量的食品袋或食品盒，为宾客将食品包装好
拉椅、提醒	1．宾客起身准备离开时，主动上前为主宾拉椅，以方便主宾离席行走 2．宾客起身后，提醒宾客带好随身物品
致谢、道别（见图 2-20）	1．将宾客送至餐厅门口，鞠躬与宾客道别，诚恳欢迎宾客再次光临，要面带微笑地注视宾客离开 2．当宾客走出餐厅门口时，迎宾员或餐厅经理再次向宾客致谢、道别
送客	1．如宾客需坐电梯，服务员应帮助宾客叫电梯，并在电梯到达后，送宾客进入电梯，目送宾客离开 2．如餐厅正门有车道，迎宾员要帮助宾客叫出租车，目送宾客坐车离开 3．如遇特殊天气，如雨天要为没带伞的宾客打伞 4．重大餐饮活动的欢送要隆重、热烈，服务员可列队相送，使宾客真正感受到服务的真诚和温暖 提示：宾客不想离开时绝不能催促

续表

工作流程	工作内容
物品检查	1．送走宾客，服务员立刻回到服务区域，再次检查是否有宾客遗留物品 2．如发现有宾客遗留物品，应立即追上宾客，交到宾客手里 3．如宾客已经离开，要向餐厅经理汇报，将物品交给大堂副理

图 2-20　致谢、道别

相关知识

一、送客服务的意义

现在有些餐厅只注重迎接宾客，却不重视欢送宾客。其实，在餐厅服务中，送客服务是非常关键的。因为宾客在此消费后，如果走时没能得到热情的送别，就会有一种失落感，可能下次就不会再光顾了。另外，宾客在消费后可能会有很多好的意见和建议。送客时得到及时反馈，对餐厅经营来说是相当宝贵的。所以，送客服务是非常重要的，也是优质服务的体现。

二、送客服务注意的问题

在送客过程中，服务人员应做到礼貌、耐心、细致、周全，使宾客满意。送客时应需要注意以下几个方面。

（1）宾客不想离开时绝不能催促，不要做出催促宾客离开的错误举动。

（2）宾客离开前，如愿意将剩余食品打包带走，应积极为之服务，绝不要轻视他们，不要给宾客留下遗憾。

（3）宾客结账后起身离开时，服务员应主动为主宾拉开座椅，礼貌地询问："请问您对今天的用餐还满意吗?"

（4）可以协助主宾穿戴外衣、提携东西，提醒他们不要遗忘物品，"先生（女士），请带好你们的随身物品。"并迅速检查台面、地上、椅子上有无遗留物品。这时领班可寻机询问宾客是否喜爱所吃的菜肴，服务是否周到，以及是否发生过误会，若有何不周之处，应对宾客道歉，并表示竭诚改善，使宾客高兴而来，满意而去。

（5）要礼貌地向宾客道谢，感谢宾客光临"谢谢您，先生/女士"或者说"再见，希望您能再次光临。""谢谢光临，希望下次能再为你们服务。"

（6）要面带微笑地注视宾客离开，或亲自送宾客到餐厅门口。

（7）迎宾员应礼貌地欢送宾客，并欢迎他们再来。

（8）遇特殊天气，应有专人安排宾客离店，如亲自将宾客送到酒店门口，下雨时为没带雨具的宾客打伞、扶老携幼、帮助宾客叫出租车等，直至宾客安全离开。

（9）对于大型餐饮活动的欢送要隆重、热烈，服务员应穿戴规范，列队欢送，使宾客真正感受到服务的真诚和温暖。

技能训练

训练项目：

送客服务。

训练方法：

角色扮演、情境导入。

1．分小组讨论，设计一个情境。

2．写出模拟对话程序。

3．每组派代表表演。可由一名学生扮演服务员，两名学生扮演宾客。

4．学生轮流表演，并互换角色。

训练要求：

工作步骤流畅、规范，语言运用准确、得体。

实训测试：

由教师给出测试标准，并组织学生对实训项目进行测试与评价。

思考练习

1．送客服务有哪些内容？应注意什么问题？

2．宾客已经离开，发现有遗留物品，服务员该怎么办？

案例分析

如此催促宾客

· 案例情境介绍

一天晚上，刘先生与三位朋友在某酒店用餐。由于平时工作忙，难得有时间、有心情和朋友出来放松一次。不知不觉中三个小时过去，到酒店快打烊的时间了。可是刘先生和几个朋友谈兴正浓，兴致仍然很高，没有离去的意思。服务员虽然一直面带微笑，在旁边周到的服务，可心里却很着急，想早点下班休息，几次想催他们赶快结账，但一直没好意思开口。最后她终于忍不住对刘先生和他的朋友说："几位先生，实在对不起，我们酒店要关门了。能不能赶快结一下账，如想继续用餐改天再来好吗？"

刘先生听了服务员的话非常生气，生气地说："什么！我们还没用完餐你就想赶我们走，有你们这样做生意的吗？"服务员一时语塞，尴尬地站在那里不知道该说什么。刘先生的一位朋友看了看表，连忙劝他说："时间确实不早了，咱们也该回去了"，并连忙让服务员把账单拿过来准备结账。在之前的整个用餐过程中，刘先生的心情特别好，可是服务员的这个举动让他心里很不舒服，刘先生立即阻止他的朋友，对服务员说："你的服务态度让我不能接受。请你马上把餐厅经理叫过来。"这位服务员听了刘先生的话感到非常委屈。客观地说，她在宾客点菜和进餐的服务过程中服务态度一直非常好，并没有出现差错，只是最后想催宾客早一些结账。"先生，现在早已过了酒店规定的下班时间了，请您理解一下我们好吗？如果你觉得我的方式不对，我向你们道歉，还是不要找我们经理了。"服务员用恳求的口气说道。"不行，我就是要找你们经理。"刘先生并不让步。

服务员见事情无法解决，只好将餐厅经理找来。刘先生告诉餐厅经理他们对服务员催促结账的做法很生气，说服务员的服务态度有问题。

"几位先生，你们消消气，服务员确实不应该这样说。这是我们工作上的失误，我向大家表示歉意。你们什么时候结账都行，结完账也可以在这里继续聊天，我们一定服务好。"经理边说边让那位服务员赶快给宾客倒茶。在经理和服务员的一再道歉下，刘先生终于不再说什么了，付了钱后面含余怒地离去。

· 案例评析

宾客到酒店用餐，服务员的服务要贯穿于宾客用餐的始终，从进门用餐直至用餐完毕离去，都要做到热情、周到。送客是此过程的最后一个环节，是礼貌服务具体体现的一个重要方面，如果这个环节出现问题，则前功尽弃。在这个环节中，服务人员不能催促宾客，应做到礼貌、耐心、细致、周全，使宾客高兴而来，满意而归。首先可以婉转提醒，比如说："先生，请问你们还需要点什么菜肴吗，厨师还有半小时就到下班时间了"，或者"先生、女士，马上到下班时间，给你们留下小张一位服务员为您服务。"宾客可能会意识到快点结束用餐。如果宾客没有离开的意思，领班可以留下相关服务员继续提供服务。

模块学习检测：实训实习评价

本评价为一个模块学习及实践后的一个检验，从学生能力出发，从多角度进行评价。通过评价检验学生的实训实习效果，在实践中检验学生的综合工作能力。餐中工作实训评价表见表 2-9。餐饮企业实习（餐中服务）评估表见表 2-10。

表 2-9　餐中服务实训评价表

	内容		评价		
	能力目标	评价项目	自我评价	小组评价	教师评价
专业能力	能熟练地进行迎宾服务	1. 工作步骤流畅 2. 动作规范			
	能熟练地进行点菜服务	1. 工作步骤规范 2. 运用语言得体			
	能熟练地进行酒水服务	1. 斟酒方式正确，酒量适度 2. 动作规范			
	能熟练地进行菜肴服务	1. 上菜、分菜服务方式正确 2. 动作规范			
	能熟练地进行席间服务	1. 工作步骤准确 2. 相关技能操作规范			

续表

	内容		评价		
	能力目标	评价项目	自我评价	小组评价	教师评价
专业能力	能熟练地进行结账服务	1. 快速准确结账 2. 工作步骤规范			
	能熟练地进行送客服务	1. 工作步骤准确 2. 动作规范			
通用能力	语言表达能力				
	与人合作能力				
	解决问题能力				
	推销能力				
	沟通能力				
	创新能力				
	组织协调能力				
综合评价					

表 2-10　餐饮企业实习（餐中服务）评估表

姓名______	部门______	职位______	实习日期______	员工号______
评价内容	表现出色（4）	超出预期（3）	达到要求（2）	未达到标准（1）
1. 仪容仪表：符合职业规范，着装得体，干净整洁	仪容仪表大方得体，能够符合专业化标准	能够完全达到仪容仪表要求，工装干净、整齐	能够达到仪容仪表要求	着装不整，几乎不能达到标准
2. 职业素养：正直敬业、以身作则；敬业奉献，积极主动；热爱学习，勇于创新	能够以身作则，诚实守信，言行一致，能够协助和引导他人	言行一致，诚实守信；始终保持一贯的专业水准	达到要求，无诚信问题	需要大量的指导，言行不一，存在诚信问题

续表

评价内容	表现出色（4）	超出预期（3）	达到要求（2）	未达到标准（1）
3．专业能力：熟练掌握工作程序、标准、原则，能达到预期工作量，具有工作判断能力和解决问题的能力，能熟练进行餐饮服务	能够出色完成餐中各项工作任务，服务技能规范，服务程序流畅，具有一定的应变能力	能独立完成分配任务；工作效率高；工作完整；工作满意度高	能够达到要求标准，总体可以接受，偶尔有错误	工作效率低，不能胜任工作，错误较多
4．沟通能力与团队合作：沟通能力强，能维护团队，倾听员工建议和意见	主动沟通，防止问题发生，采集建议	接受建议，主动沟通并给予反馈	接受建议，主动沟通	缺乏沟通，不接受建议
综合评价				

模块三

餐后工作

餐厅的结束工作与准备工作同样重要，要求按餐前会的分工和规范进行，以提高效率降低损耗，同时，要善始善终地做好餐厅检查，落实安全措施，并做好各项记录。

学习目标

1. 能做好餐后整理工作。
2. 能进行餐后小结。

实训一　餐后整理

工作情境

紧张繁忙的餐厅对客服务已经结束，宾客离开餐厅，但服务员的工作还没结束，要继续做好最后的清理及收尾工作。

工作分析

待宾客离开餐厅后，要迅速进行收拾台面、重新摆台、环境整理、安全检查。这项收尾整理工作有时也会在其他宾客仍在用餐或已有宾客在等待餐桌的情况下进行，所以文明和速度是该程序的重要标准。

工作内容

餐后整理工作流程：

收拾台面→重新摆台→环境整理→安全检查。

餐后整理具体工作见表3-1。

表3-1　餐后整理

工作流程	工作内容
收拾台面	1．将桌面上的花瓶、调味瓶和台号牌收到托盘上，暂放于服务桌 2．用托盘收桌面上的餐具，并送至洗碟机房清洗，收撤的顺序为：银器→餐巾、香巾→酒具→瓷器→筷子 3．桌面清理完后，立即更换台布。如果是使用转盘的餐桌，需先取下已用过的转盘，然后更换台布，再摆好转盘 4．用干净布巾把花瓶、调味瓶和台号牌擦干净后按摆台规范摆上桌面 5．把布草分类（干净的与脏的也要分开）送往备餐间 6．贵重物品要当场清点 7．注意周围的环境卫生，不要将餐纸、杂物、残汤剩菜等乱洒乱扔 8．撤台时如发现宾客遗忘的物品，应及时联系宾客或上交有关部门 提示：收撤餐具要轻拿轻放，尽量不要发生碰撞声响
重新摆台	如果是用餐时间，需迅速重新摆台，以迎接下批宾客
环境整理（见图3-1）	1．当营业结束，宾客离开后，服务员开始着手餐厅的清理工作 2．关掉大部分的照明灯，只留适当的灯光供整理用 3．清洁四周护墙及地面，吸地毯，如有污迹，通知相关部门清洗
安全检查	1．关闭水、电等设备开关，关闭好门窗 2．由当值负责人做完最后的安全防患检查后，填写管理日志 3．落实餐厅各项安全防患工作，最后锁好员工出入口门，方可离岗

图 3-1 环境整理

相关知识

待宾客离开餐厅后，要在不影响其他就餐宾客的前提下收拾餐具、整理餐桌并重新摆台。这项收尾整理工作往往在其他宾客仍在用餐或已有宾客在等待餐桌的情况下进行，所以文明和速度非常重要。餐后服务注意以下几点：

1．按 4 min 之内清理一桌的标准工作并及时摆台。

2．清桌时如发现宾客遗忘的物品，应及时交给宾客或上交有关部门。

3．清桌时应注意文明作业，保持动作沉稳，不要损坏餐具物品，也不应惊扰正在用餐的宾客。

4．清桌时要注意周围的环境卫生，不要将餐纸、杂物、残汤剩菜等乱洒、乱扔。

5．清桌完毕后，应立即开始规范摆台，尽量减少宾客的等候时间。

6．营业结束后要对餐厅进行全面的检查，结算一天账务，关闭水、电、燃气等设备开关，关闭好门窗，一天服务工作即告结束。

技能训练

训练项目：

撤台程序。

训练方法：

与摆台训练相结合，进行撤台操作。

训练要求：

撤台顺序正确；分类收放合理；动作沉稳、迅速，在 4 min 之内清理完一个餐台。

实训测试：

由教师给出测试标准，并组织学生对实训项目进行测试与评价。

思考练习

1. 简述餐厅撤台操作顺序及操作要求。
2. 如果撤台时发现宾客遗忘的物品，服务员该怎样处理？

实训二　餐厅小结

工作情境

服务员已经清理完餐台、整理好餐厅，餐厅经理做了全面检查，对当天的工作表示满意。餐厅主管接下来要做好餐厅管理日志的填写、上交、存档工作。

工作分析

餐厅管理日志的填写项目包括餐厅经营情况、宾客情况、服务人数、宾客投诉等。填写时要详细、准确，以利于对服务工作情况客观、科学地分析和总结，总结经验，找出不足，以便改进和提高。

工作内容

餐厅小结工作流程：

检查总结→填写管理日志→建立客史档案→信息传递→上交存档→反馈、改进。

餐厅小结见表 3-2。

表 3-2　餐厅小结

工 作 流 程	工 作 内 容
检查总结	餐厅经理或主管检查收尾工作，有必要的话要召开餐后会，做简短总结和接班者进行交接

续表

工 作 流 程	工 作 内 容
填写管理日志	全天的服务工作结束后，一般由餐厅主管做好以下工作 1．对餐厅经营情况、宾客情况、服务人数等项目进行认真统计后，用数字形式仔细填写 2．有关宾客投诉等内容要将事情的详细过程、处理办法、处理结果完整记录下来 3．在报表上体现的问题，需写出原因、做出分析 4．写出解决计划、办法
建立客史档案	根据当餐服务工作情况，建立客史档案
信息传递	将填写好的报表上交餐厅经理，按照规定将相关信息输入计算机并通知相关岗位
上交存档	复印一份作为资料存档
反馈、改进	1．对宾客投诉，事后要写上餐厅的改进措施、宾客的反馈意见 2．对餐厅经营情况，要记录改进后的效果

相关知识

一、客史档案

1．餐厅客史档案包括的主要内容

（1）基本特征（姓名、性别、年龄、职位、职业）。

（2）饮食特点（菜品、酒水）。

（3）特殊要求、忌讳及其他特征。

2．客史档案的作用

使宾客有宾至如归的感觉，有利于引发下次消费行为，有利于进一步提高餐厅服务的管理水平，使餐厅服务工作做到尽善尽美，给宾客留下完美印象。

二、餐厅管理日志

1．内容：餐厅经营情况、特殊食品销售记录、宾客数、各时段平均消费金额、座位使用情况、服务员工作情况、宾客投诉情况、其他部门协调情况、卫生检查情况、培训情况、物品领用情况。

2. 使用管理日志的目的是对当班工作情况进行记录。这有助于员工了解餐厅的经营情况，有利于进行成本控制，有利于对工作情况进行客观、科学的分析和总结，找出经验和不足。

3. 常用管理日志的形式

表格登记、日报表（见表 3-3）、流水记录。

表 3-3 餐厅管理日报表

餐厅管理日志

餐厅名称：_______ 座位数：_____ _____年___月___日 星期___

情况		内容			
		早餐	午餐	晚餐	宵夜
服务员情况	经理				
	主管				
	领班				
	服务员				
宾客情况	预订人数				
	散宾客数				
	旅游团队				
	酒店住店宾客				
	酒店宴请宾客				
	其他用餐宾客				
营业情况	餐位使用情况				
	用餐人数				
	食品消费金额				
	饮品消费金额				
	其他消费金额				

续表

情况		内容			
		早　餐	午　餐	晚　餐	宵　夜
营业情况	总营业金额				
宾客投诉情况	投诉原因：				
	处理方法：				
其他情况（卫生、安全、特殊事件等）					

报表人：

4．其他要求

（1）管理日志每天一报。

（2）由餐厅主管负责填写，上报经理。

（3）星级酒店须有中英文对照。

（4）餐厅应根据实际情况设计适合自己情况的管理日志。

技能训练

训练项目：

餐后小结。

训练方法：

设计并填写餐厅管理日志表。

训练要求：

1．根据餐厅需要设计报表。

2．模拟完成餐厅管理日志报表。

实训测试：

由教师给出测试标准，并组织学生对实训项目进行测试与评价。

思考练习

1．餐厅小结有哪些内容？
2．简述使用管理日志的目的及填写内容。

模块学习检测：实训实习评价

本评价为一个模块学习及实践后的一个检验，从学生能力出发，从多角度进行评价。通过评价检验学生的实训实习效果，在实践中检验学生的综合工作能力。餐后工作实训评价表见表3-4。餐饮企业实习（餐后工作）评估表见表3-5。

表3-4　餐后工作实训评价表

	内　容		评　价		
	学习目标	评价项目	自我评价	小组评价	教师评价
专业能力	能进行餐后收拾整理	1．能迅速撤台 2．能进行环境整理			
	能完成管理日志的填写	填写内容翔实、准确			
通用能力	与人合作能力				
	解决问题能力				
	创新能力				
综合评价					

表3-5　餐饮企业实习（餐后工作）评估表

姓名______　部门______　职位______　实习日期______　员工号______				
评价内容	表现出色（4）	超出预期（3）	达到要求（2）	未达到标准（1）
1．仪容仪表：符合职业规范，着装得体，干净整洁	仪容仪表大方得体，能够符合专业化标准	能够完全达到仪容仪表要求，工装干净、整齐	能够达到仪容仪表要求	着装不整，几乎不能达到标准

续表

评价内容	表现出色（4）	超出预期（3）	达到要求（2）	未达到标准（1）
2．职业素养：正直敬业、以身作则；敬业奉献，积极主动；热爱学习，勇于创新	能够以身作则，诚实守信，言行一致，能够协助和引导他人	言行一致，诚实守信；始终保持专业标准	达到要求，无诚信问题	需要大量的指导，言行不一，存在诚信问题
3．专业能力：熟练掌握工作程序、标准、原则，能达到预期工作量，具有工作判断能力和解决问题的能力，能熟练进行餐饮服务	能够出色完成餐后各项工作任务，服务技能规范，服务程序流畅，具有一定的应变能力	能独立完成分配任务；工作效率高；工作完整；工作满意度高	能够达到要求标准，总体可以接受，偶尔有错误	工作效率低，不能胜任工作，错误较多
4．沟通能力与团队合作：沟通能力强，能维护团队，倾听员工建议和意见	主动沟通，防止问题发生，采集建议	接受建议，主动沟通并给予反馈	接受建议，主动沟通	缺乏沟通，不接受建议
综合评价				

第二部分
其他服务

在餐饮服务中，零点餐厅服务、宴会服务是餐饮服务员必须掌握的重要内容。除此之外，还有一些服务在实际工作中也经常接触到，如自助餐服务、客房送餐服务、会议服务等。这些服务与零点服务、宴会服务的区别在哪里？自助餐服务的特色在哪里？该怎样做好这一类的服务？本篇将学习一些餐饮服务员需要掌握的其他服务方式与方法，包括自助餐服务、客房送餐服务、会议服务等。

模块四

自助餐服务

自助餐是一种由餐厅按照一定标准安排好菜肴品种，并在开餐以前将所有菜肴陈设在餐厅菜品台上，宾客用餐时根据自己的喜好随意选取食品，以自我服务为主的用餐形式。宾客自取所需，随到随吃。自助餐还包括冷餐酒会、鸡尾酒会等形式。服务工作的重点在于随时保持用餐环境有序，餐台整洁卫生以及气氛完美宜人。

学习目标

1. 能设计并进行自助餐厅环境、餐台布置。
2. 能设计并进行自主餐厅餐台菜品摆放。
3. 能熟练地完成自助餐服务。

工作情境

某日中午在国际大酒店大宴会厅，某知名企业将举行大型答谢晚宴，为方便大家交流，将采取自助餐的形式。餐饮部的服务人员接受了这次任务，他们要对宴会厅进行精心的布置，准备用优质的服务迎接宾客的光临。

工作分析

自助餐不同于传统的中式宴请，是既有档次又不失轻松的交流场所。席间宾客可以自由活动，自行到菜台选取菜点、酒水饮料，也可由餐厅服务员端至宾客面前。餐厅环境布置要令人舒适、愉悦，注重整体的艺术效果；餐台应美观大方，保证有足够的空间放置菜肴，既方便拿取食物，又给人以艺术美感；服务中应及时添加菜品，应宾客所需，细心周到。

工作内容

自助餐服务工作流程：

准备工作→迎领服务→餐台服务→传菜服务→餐桌服务→结束工作。

自助餐服务具体工作见表 4-1。

表 4-1 自助餐服务

工 作 流 程	工 作 内 容
准备工作 （见图 4-1）	1．自助餐厅布局要注重整体的艺术效果，也可以体现主题。自助餐台可设立于餐厅四周，也可设立于餐厅中央部位，总的要求是一定要宽敞，可以分区域设立一些小型的服务台 2．餐台的设计一定要线条美观、流畅，既要便于宾客取食物，又要具有艺术性 3．餐桌摆台通常采用西餐零点摆台方式，也可采用中餐零点摆台方式 4．餐台上的菜品、酒水应在开餐前摆放好 5．准备工作做好后，应仔细检查有无疏漏或不妥之处 6．整理自己的仪表仪容，在规定位置上站立恭迎宾客
迎领服务	1．礼貌问候并示意宾客进入餐厅 2．对可享用免费自助早餐的住店宾客请其出示房卡；对非免费用餐宾客住店则应问清人数后礼貌地请宾客去账台付款（或签单） 3．视需要接挂宾客衣帽
餐台服务	1．主动为宾客递送餐盘、斟倒酒水等，并热情地为宾客介绍菜点 2．注意整理菜点，随时补充餐盘等餐具，及时通知厨房补充菜点 3．随时做好热菜点的保温工作，并及时回答宾客提出的有关菜点的问题
传菜服务	1．及时补充菜点、餐具 2．做好餐厅与厨房的联络、协调工作 3．及时撤走宾客用过的餐具至洗碗间
餐桌服务	1．及时为宾客拉椅让座 2．根据宾客需要，迅速为宾客取送菜点、饮料 3．及时补充餐巾纸、调料等 4．宾客用餐结束后，及时为宾客进行结账工作，并迅速清理台面，重新摆台

续表

工 作 流 程	工 作 内 容
结束工作	1．将多余的菜点撤至厨房处理 2．搞好自助餐台、保温设备等的卫生 3．如台布有污渍或破损，应及时更换

图 4-1　自助餐餐台

相关知识

一、自助餐的定义及特点

自助餐（buffet），有时亦称冷餐会，是起源于西餐的一种就餐方式。它是目前国际上流行的一种非正式的西式宴会，在大型的商务活动中尤为多见。厨师将烹制好的冷、热菜肴及点心陈列在餐厅的长条桌上，由宾客自行选择食物、饮料，然后或立或坐，自由地与他人在一起或是独自一人用餐。

自助餐之所以称为自助餐，主要是因其可以在用餐时调动用餐者的主观能动性。它又被称为冷餐会，主要是因其提供的食物以冷食为主。当然，适量地提供一些热菜或提供一些半成品由用餐者自己加工，也是允许的。冷餐会一般有立式和坐式两种就餐形式，有全自助、半自助和 VIP 服务。

一般来说，自助餐有如下几个特点。

（1）可以免排座次。正规的自助餐，往往不固定用餐者的座次，甚至不为其提供座椅。这样一来，既可免除座次排列之劳，也便于用餐者自由地进行交流。

（2）可以节省费用。因为自助餐多以冷食为主，不上太多高档的菜肴、酒水，故可大大地节约主办者的开支，并避免了浪费。

（3）可以各取所需。用餐者可自行取自己喜欢的美食餐。

（4）可以招待多人。它不仅可以款待数量较多的来宾，而且还可以解决众口难调的问题。

（5）方便宾客沟通。自助餐形式灵活，宾客流动性强，方便与更多的人交流。

二、菜肴内容

各种自助餐虽然表面看没什么差别，但实际上还是各有不同的。根据餐标的不同，档次也有很大的不同。但一般自助餐的布置、用料及菜品的种类大多是西餐中的焖、烩、煮类菜肴，再配上些沙拉、面包、甜点、饮料作为辅助，具体如下。

（1）头盘为开胃品。基本上是具有特色风味的咸、酸为主的菜。

（2）汤。包括浓汤茸汤和清汤。

（3）鱼类菜肴。餐厅档次的高低都从这道菜开始明显体现。这里包括各种淡水鱼、海水鱼、贝类，一般档次较高的餐厅，鱼类菜肴以空运进口为多。

（4）肉禽类菜肴，也称为主菜。有牛、羊、猪肉，也有鸡、鸭、鹅肉，可煮、可炸、可烤、可焖。牛排、羊排等肉禽的新鲜度和烹调口味也同样体现自助餐厅的档次和功底。

（5）蔬菜类菜肴一般安排在肉类菜肴之后，也可以与肉类菜肴同时食用，品种有生菜类，也有熟食类。

（6）甜品。一般是在主菜之后食用的，如果冻、薄饼、水果等。

特别要说明的是，高档餐厅的烧菜比重较少，甚至没有，有些餐厅会安排厨师现场制作一些烤、烧类菜品，宾客现点现食，以保证火候和新鲜程度。

三、自助餐台设计

自助餐台也叫食品陈列台，可以安排在宴会厅中央或靠某一墙边，也可放于宴会厅一角。自助餐台的安排形式多样，常见的自助餐台有如下设计：①“I”形台：即长台，是最基本的台形之一，常靠墙摆放。②“L”形台：由两个长台拼成，一般放于餐厅一角。③“○”形台：即圆台，通常摆在餐厅中央。④其他台形：根据场地特点及宾客要求可采用长台、扇面台、半圆台等拼接出各种新颖别致、美观流畅的台形。

自助餐台设计原则如下。

（1）便捷性。自助餐厅是宾客自我服务的用餐环境，因此首先考虑的是宾客取餐的便捷性。呈现一家餐厅核心美味的自助餐台通常称为岛台。通常会将岛台安排在餐厅的最中央。这样就能照顾到餐厅各个位置的宾客。此外，岛台的设计风格应该以时尚简约为主。

（2）协调性。自助餐厅的自我服务模式中的另一个特点就是宾客走动多。因此必须合理安排线路，将有限的空间有效地利用起来，留下足够的走动空间。另外要有序、有层次地将食物归类摆放在不同的餐台上，减少宾客因盲目寻找食物而“绕弯路”。餐台与餐台之间的距离也应该控制好，不要让食物的气味混杂在一起，以免影响宾客的食欲。

（3）细节设计。除餐台的摆放外，细节设计也很重要。比如照明设计，餐台上方的光线要充足合理，为美食增添观赏性。切忌使用彩色灯光。它会使菜肴改变颜色，从而影响宾客的食欲。此外，餐厅地面要干净、防滑。服务员在给餐台补给食物时也应留意，不要在地上留下水渍、油渍，避免宾客滑倒。其他设施也要考虑到其可能对宾客的潜在伤害，如桌面、台面的硬角。

四、自助餐服务注意事项

1．各岗位服务员应密切配合。某岗位特别繁忙时，其他岗位服务员应及时、主动地给予协助。

2．在服务过程中，应谨慎小心，防止与过往宾客碰撞。如打扰到宾客，应先道歉。

3．用餐结束后，应将食物及时撤送至厨房处理，一般不提供外带服务。

4．结束工作与中、西餐宴会大致相同，应特别注意各岗位服务员之间的团结协作，以便共同把餐厅整理好。

技能训练

训练项目：

自助餐台的设计布置。

训练方法：

以小组为单位，自拟一个主题，设计一个自助餐台。

训练要求：

1．要求主题突出。

2．布置设计能围绕主题展开。

3．布置设计有创意。

实训测试：

由教师给出测试标准，并组织学生对实训项目进行测试与评价。

思考练习

1．自助餐有几种形式？开餐前要做好哪些准备工作？

2．复述自助餐服务规程。

模块学习检测：实训实习评价

本评价为一个模块学习及实践后的一个检验，从学生能力出发，从多角度进行评价。通过评价检验学生的实训效果，在实践中检验学生的综合工作能力。自助餐服务实训评价表见表 4-2。

表 4-2　自助餐服务实训评价表

	内　容		评　价		
	学 习 目 标	评 价 项 目	自我评价	小组评价	教师评价
专业能力	能设计并布置自助餐厅、自助餐台	1．环境布置，氛围营造 2．餐台设计 3．餐桌摆台 4．餐台菜品陈列			
专业能力	能进行自助餐服务	服务程序流畅，服务操作规范			
通用能力	语言表达能力				
通用能力	沟通能力				
通用能力	与人合作能力				
通用能力	解决问题能力				
通用能力	创新能力				
综合评价					

模块五

客房送餐服务

客房送餐服务是星级酒店为方便宾客，增加酒店的经济收入、减轻餐厅压力而提供的服务项目。住店宾客通过电话或菜单预订，由客房送餐服务员将食品和饮料送到宾客房间，宾客在房间用餐。送餐服务还包括为 VIP 宾客送花篮、水果篮、欢迎卡、生日礼物等。从一定程度上体现了酒店的规格和档次。

学习目标

1. 能正确接受宾客的客房用餐预订。
2. 能完成客房送餐服务。

工作情境

广州某五星级酒店，住在 1219 房间的宾客打电话预订了客房送餐，要求晚 17:30 准时送到客房。宾客表示有重要事务要在房间处理，而且 18:00 要外出，所以要求务必准时。

工作分析

要做好客房送餐服务，服务员应熟练掌握客房送餐的服务程序，了解宾客的订餐情况和特殊要求，准确、迅速地为宾客提供服务。

工作内容

客房送餐服务工作流程：

接受预订→准备工作→送餐服务→房内服务→结账服务→离开房间→收餐工作。

客房送餐服务具体工作见表 5-1。

表 5-1 客房送餐服务

工 作 流 程	工 作 内 容
接受预订	1. 电话铃响三声之内接听，礼貌应答宾客的电话预订："您好，送餐服务，请问有什么需要？" 2. 认真倾听宾客的用餐需求，解答提问，主动推荐当天特色食品，记录订餐情况，包括订餐宾客房间号码、订餐内容、订餐时间、服务员姓名、账单号码及特殊需要等 3. 复述宾客预订内容及要求，得到确认后，告诉宾客等候时间 4. 待宾客挂断电话后，方可放下听筒 5. 另外客房送餐预订方式还有：收取门把手菜单和客房床头柜菜单 6. 将订餐内容填写在订单上，分送各部门
准备工作	1. 根据所订食品，准备送餐用具（送餐车、托盘）、餐具、布件 2. 依据宾客订餐种类和数量，按规范摆台 3. 取回宾客所订食品和饮料 4. 热菜需放入保温箱内，做好这方面准备
送餐服务	1. 使用酒店规定的专用电梯进行送餐服务。在送餐途中，保持送餐用具平稳、避免食品或饮品溢出 2. 食品、饮品餐具需加盖或加洁净盖布，确保卫生 3. 核实宾客房号，敲门三下或按门铃，并说明送餐服务已到，报称："Room service "，在征得宾客同意后，方可进入房间 4. 对重要来宾，领班要与服务员一起送餐进房
房内服务	1. 待宾客开门后，问候宾客，并询问是否可以进入房间得到宾客允许后进入房间，并致谢。"早上好/上午好/晚上好，先生/女士，请问可以进去吗？" 2. 进入房间后，询问宾客用餐位置："请问先生/女士，餐车/托盘放在哪里？" 3. 按照宾客要求放置餐具及其他物品，依据订餐类型和相应规范进行服务 4. 如果是早餐，询问宾客是否需要帮助其打开窗帘

续表

工作流程	工作内容
结账服务	1. 双手持账单夹将账单递给宾客，请宾客签字，并核清签名、房号（或收取现金）“请您在账单上签上您的姓名和房间号码。” 2. 询问宾客还有什么需要，如不需要，即请宾客用餐，礼貌向宾客道别
离开房间	离开客房时，应面朝宾客退三步，然后转身，出房时随手轻轻关上房门。
收餐工作	1. 检查订餐记录，确认房间号码 2. 早餐为 30 min 后打电话收餐，午、晚餐为 60 min 后打电话收餐，打电话首先问候宾客、称呼宾客并介绍自己，然后询问宾客是否用餐完毕 3. 服务员收餐完毕即刻通知订餐员，订餐员要详细记录 4. 当宾客不在房间时，请楼层服务员开门及时将餐车餐盘等用具取出 5. 若宾客在房间，收餐完毕需询问宾客是否还有其他要求并道别 6. 将取回的餐具送洗碗间清洗

相关知识

客房送餐服务是酒店为方便宾客需要而提供的服务项目。此项目可以增加酒店的经济收入、减轻餐厅压力、体现酒店的规格和档次。

客房送餐服务是餐饮部下属的一个独立部门，一般提供不少于 18 h 的服务，由于服务周到，涉及环节多，人工费用高，所以产品和服务价格一般比餐厅售价高 20%左右。

一、服务内容

1. 食品服务

（1）早餐。是客房送餐服务最主要的项目，主要为宾客提供正式的欧式和美式零点早餐。

（2）午晚餐。提供烹调较为简单、快捷的快餐和西餐。

（3）点心。包括三明治、面点、甜点、水果等。

2. 饮料服务

（1）普通冷饮料。指汽水、果汁、可乐等。宾客在房间内用任何一种饮料时，服务员需将饮料和杯具按客房内实际人数备齐，在主人示意后将饮料倒入杯中。

（2）普通热饮料。指咖啡、红茶、牛奶等。服务员必须将方糖、袋糖、茶匙、垫盘一同备齐，以方便宾客取用。

（3）酒类。包括开胃酒、烈性酒、葡萄酒、香槟酒等。对重要的宾客要在客房内配备酒水车服务。

3．特别服务

（1）总经理赠送给酒店 VIP 宾客的花篮、水果篮、欢迎卡等，由客房送餐部负责在宾客到店前送入房间，以示对宾客的欢迎。

（2）送给 VIP 宾客的生日礼物，如鲜花、蛋糕、礼物等，由客房送餐部负责派人送入房内。

（3）节日送给全部或部分住店宾客的礼品，由客房送餐部门与客房部相互配合共同完成。

二、客房送餐菜单

一般其菜单有两种类型。

1．门把手菜单，如图 5-1 所示。一般适用于早餐。这种客房送餐菜单是为了方便宾客而挂在门把手上的一种纸质菜单。上面列有各种早餐菜肴、冷热饮品和套餐的名称、价格及供应时间。宾客订餐时，只要在菜点名称前的小方框内打“ √ ”，挂在门外把手上即可。它由夜班客房送餐服务员收集至客房送餐部，由专人登记在预订记录单上，并下单，由相关部门备餐。

2．床头柜菜单，如图 5-2 所示。一般适用于午餐、晚餐及夜宵。床头柜菜单是放置在客房床头柜上或服务指南中的客房送餐菜单。这种菜单一般要选择质量好但加工不复杂，保存时间相对较长的菜肴。菜肴品种要搭配适当，不宜太多，可精选酒店各餐厅的风味菜肴。

图 5-1　门把手菜单

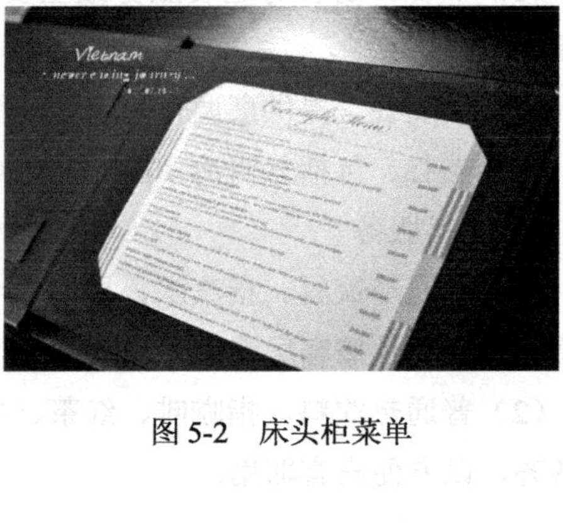

图 5-2　床头柜菜单

三、客房餐饮订餐方式

1．订单预订

（1）门把手菜单预订。

（2）床头柜菜单预订。

2．电话预订

电话铃响三声之内接听，首先要向宾客问好，问清房号、姓名、人数、菜肴名称、用餐时间及特殊需要，可提供建议性说明。复述上述内容，按宾客需要开出订单，做好备餐准备，并开出账单以备结账。

技能训练

训练项目：

客房送餐服务。

训练方法：

角色扮演、情境导入。

训练要求：

服务程序流畅，语言准确，动作规范，有礼貌。

实训测试：

由教师给出测试标准，并组织学生对实训项目进行测试与评价。

思考练习

1．客房送餐服务的内容？

2．简述客房送餐服务程序。

模块学习检测：实训实习评价

本评价为一个模块学习及实践后的一个检验，从学生能力出发，从多角度进行评价。通过评价检验学生的实训效果，在实践中检验学生的综合工作能力。客房送餐服务实训评价表见表 5-2。

表 5-2　客房送餐服务实训评价表

<table>
<tr><td rowspan="2"></td><td colspan="2">内　容</td><td colspan="3">评　价</td></tr>
<tr><td>学 习 目 标</td><td>评 价 项 目</td><td>自我评价</td><td>小组评价</td><td>教师评价</td></tr>
<tr><td rowspan="2">专业能力</td><td>能正确进行客房送餐预订</td><td>1．电话预订
2．菜单预订</td><td></td><td></td><td></td></tr>
<tr><td>能进行客房送餐服务</td><td>服务程序流畅，服务操作规范，服务语言准确</td><td></td><td></td><td></td></tr>
<tr><td rowspan="5">通用能力</td><td colspan="2">语言表达能力</td><td></td><td></td><td></td></tr>
<tr><td colspan="2">沟通能力</td><td></td><td></td><td></td></tr>
<tr><td colspan="2">与人合作能力</td><td></td><td></td><td></td></tr>
<tr><td colspan="2">解决问题能力</td><td></td><td></td><td></td></tr>
<tr><td colspan="2">创新能力</td><td></td><td></td><td></td></tr>
<tr><td colspan="3">综合评价</td><td colspan="3"></td></tr>
</table>

模块六

会议服务

近年来专业会议市场发展迅速，会议种类繁多，有学术研讨会、贸易洽谈会、新闻发布会、时装展示会、经销商年会、行业峰会、交流会等。所以，为企业提供全程会议策划、良好的会议服务保障不可或缺。

学习目标

1. 能按要求设计并布置会议室。
2. 能完成会议服务。

工作情境

时间：上午 9:30。

地点：华鸿酒店多功能厅。

很多部门的相关工作人员正紧张忙碌地布置会场，今天 13:00 一个商品贸易洽谈会将在这里举行。

工作分析

会议服务因其种类繁多，风格迥异，所以有其独特的服务方式。在会议服务中，需要各部门的通力合作，需要服务员细心周到、把握恰当的服务时机，提供最优质的服务。会议的成功承办，体现着酒店的综合实力。

工作内容

会议服务工作流程：

了解信息→会议准备→会中服务→会后服务。

会议服务具体工作见表 6-1。

表 6-1　会议服务

工 作 流 程	工 作 内 容
了解信息	1．了解会议名称、租用单位、使用时间、次数、摆放形式、到会人数、结账方式、联系电话及其他特殊要求 2．了解会议宾客在酒店的其他活动，以便回答宾客的问询
会议准备	1．根据会议预订的要求，先将所需的各种用具和设备准备好 2．根据已确定好的台形图布置会场 3．布置好贵宾休息厅 4．进行会议摆台（摆放纸、笔、水杯、鲜花等） 5．布置好会议用的水吧，备齐会议用水或会议用酒 6．调试各种设备，如用空调，则提前打开 7．会议开始前 30 min，将会议指示牌放在指定的位置上 8．服务员在规定位置站好，准备迎接宾客
会中服务	1．宾客入座后，为宾客上茶，按照先宾后主、先上级后下级的顺序，保持杯把朝向宾客的右边 2．待会议开始后从主宾处顺时针上香巾，要求冬热夏凉，香巾篮摆在宾客的右侧，如会议时间较长，中途应更换香巾 3．会议进行中，服务员站在会议室的后面、侧面或根据宾客需要站在会议室门外 4．保持会议室四周安静，服务员不能大声说话，动作要轻 5．要求每隔 10～15 min 续水一次，续水时应慢，从宾客右侧，微侧身用左手小指和无名指夹起杯盖，用拇指、食指和中指握住杯把，在宾客身后加水，再轻轻地将茶杯放在桌上，盖上杯盖，杯把朝向宾客的右侧。注意续水时不要倒得太满（八分为宜） 6．如果是矿泉水，要随时注意宾客饮用情况，及时更换。但要尽量不打扰宾客开会，特殊情况可按宾客要求服务 7．会议进行过程中，细心观察会议室的动静，如发现宾客有事招呼要随时应承，如宾客的要求暂时无法满足，要及时通知上级，确实无法满足的应向宾客解释清楚 8．会议中间休息时，要尽快整理、补充和更换各种用品

续表

工作流程	工作内容
会后服务	1．会议结束后，礼貌地到门口送客，并提醒宾客带好会议文件资料及随身物品 2．仔细地检查一遍会场和文件，看是否有宾客遗忘的物品 3．协助宾客结账 4．收拾会议桌，清扫会场 5．清洗会议用杯，分类复位 6．协助工程部门撤掉会议所有设备，注意轻拿轻放，防止损坏

相关知识

一、会议的种类

会议的种类繁多，包括学术交流会、学术研讨会、贸易洽谈会、新闻发布会、时装展示会、经销商年会、行业峰会、联谊会、拍卖会、交流会、推广会、签约仪式、颁奖仪式等。

二、会议服务的特点

1．内容和形式不一。
2．规模大小不一。
3．有很强的保密性。
4．参加会议的人员相对复杂。
5．需用的现代化设备多。
6．需要工程部门的配合。

三、会议服务摆台工作流程

会议服务摆台工作流程见表 6-2。

表 6-2　会议服务摆台工作流程

工作流程	工作内容
准备用具	根据通知单的要求，将所需各种用具和设备准备好，如会议桌、椅、台布、桌裙、茶杯，杯垫、烟缸、火柴、纸、笔、鲜花等

续表

工作流程	工作内容
确定台形	根据通知单上的人数和要求，确定会议的台形
会议摆台（示例见图 6-1）	1．如需铺台布，则先铺好台布，要求台布平整，中缝方向一致 2．每位摆放一份文件夹（或文件）、杯垫、茶杯（或水瓶）、笔等 3．文件夹（或文件）距会议桌边 1.5 cm 4．笔的印有文字面或笔尖方向朝上，距桌边 2 cm，距文件夹（或文件）右边 2 cm 5．杯垫在文件夹（或文件）的上方茶杯（或水瓶）放在杯垫上，杯把朝右（或水瓶商标正面朝向宾客），摆放要整齐，侧看呈一条直线 6．将每个席位卡准确地摆放在相应席位的文件夹正前方，距离统一，正面朝向座位 7．椅子摆放整齐，侧看使其在一条直线上 提示：根据不同会议的不同需要，摆放用具会有所不同
摆放其他设备	按通知单的要求将所需设备摆放就位，并调试好麦克风、幻灯片、电视、录像机等

图 6-1　会议摆台（示例）

四、会议服务要点

1．服务员为宾客倒水时，应站位合理，端放杯具动作轻巧，手法熟练，操作卫生，倒水量适宜。

2．重要会议使用贵宾接待室的，服务员应提供敬茶服务。敬茶时应使用托盘，按照礼仪次序依次服务。端放茶杯动作要轻。如果茶几较低，服务员应单腿弯曲采用蹲式服务，蹲姿应优雅大方（会议场景见图 6-2，贵宾厅场景见图 6-3）。

图 6-2　会议场景

图 6-3　贵宾厅场景

3．服务员应随时留意会场状况，及时回应宾客需求。

4．会场应设专职清洁员负责卫生间的保洁和服务工作。

5．会场衣帽间应有明显的标志牌，衣架干净完好、数量充足。宾客存放衣服时，服务员应礼貌问候，按递物礼仪递接存衣牌，并提醒宾客妥善保管贵重物品。拿取宾客外衣时，不倒拿，不拖擦。

6．会议间歇，与会宾客到休息区休息时，服务员应暂停工作，适时回避。遇客问候，随时礼让。

7．酒店应为宾客提供车辆进出登记服务、计时收费服务和车位预留服务。停车场管理员应礼貌问候宾客，并用规范的手势引导车辆。

技能训练

训练项目：

会议摆台。

训练方法：

模拟练习。

训练要求：

1．以小组为单位，自选会议主题与内容，设计会议所需摆台用具及方式。

2．按程序与规范摆台，要求操作程序正确，不漏项。

3．摆台中要有良好的操作习惯，做到轻拿轻放，操作卫生，用具摆放整体美观。

4．在规定时间内完成会议摆台。

实训测试：

由教师给出测试标准，并组织学生对实训项目进行测试与评价。

思考练习

1．会议服务有什么特点？

2．简述会议服务程序。

模块学习检测：实训实习评价

本评价为一个模块学习及实践后的一个检验，从学生能力出发，从多角度进行评价。通过评价检验学生的实训效果，在实践中检验学生的综合工作能力。会议服务实训评价表见表 6-2。

表 6-2 会议服务实训评价表

	内容		评价		
	学习目标	评价项目	自我评价	小组评价	教师评价
专业能力	会议场景布置	1．环境布置 2．会议桌布局 3．色彩、气氛营造			
	会议摆台	1．会议桌布置 2．会议用品摆放 3．色彩、气氛营造			
	会议服务	1．茶水服务 2．会中服务			
通用能力	语言表达能力				
	沟通能力				
	与人合作能力				
	解决问题能力				
	创新能力				
综合评价					

附录A

宴会相关知识

宴会服务在餐饮服务中有着举足轻重的地位，宴会标准更高、服务更精细。因为在零点餐厅服务中技能体现相对全面，宴会服务中知识比较繁杂，所以本书以零点餐厅服务为主线来体现技能，在此处补充中、西餐宴会知识。只有具备精湛的技能和丰富的宴会知识，才能做好高规格的宴会工作，从而成为能胜任任何餐饮形式的优秀餐厅服务员。

一、宴会的概念

中餐宴会是中国传统的聚餐宴饮形式，是人们为了一定的社交目的而采取的一种正式的、隆重的、讲究礼仪形式的中式餐饮活动。中餐宴会遵循中国的饮食习惯，使用象征大团圆或和睦相处的大圆桌就餐，用中式餐具，食中式菜肴，饮中国名酒，按中国的礼仪进行服务。

二、宴会的种类

（一）按规格分

1. 国宴是国家领导人或政府首脑为国家庆典活动或迎送来访的外国政府首脑和知名人士而举行的宴会。此类宴会规格高。宴会厅内悬挂国旗，并有乐队奏两国国歌。席间有隆重的致辞和祝酒。礼仪要求严格，安排周密细致。

2. 正式宴会不同于国宴，不用挂国旗、奏国歌。出席者的身份规格低于国宴，其他安排与国宴大致相同，如果按身份排座位，席间也要致辞、祝酒，有时也安排乐队奏席间乐，同样讲究礼仪礼节。

3. 便宴属于非正式宴会。此宴会形式简便，礼节较少，也可不按身份排座位，宾主间讲话较随意。

（二）按标准分

1. 豪华宴会：以山珍海味为菜肴的主原料，每道菜都注重色、香、味俱全，菜肴配有围边和艺术造型，选用银餐具或质地考究的餐具。服务要有详细的计划，餐厅布置高雅华贵，服务规格高，相应的消费水平也很高。

2. 中档宴会：选用海参、鲍鱼及一些土特产为主原料，菜肴烹调讲究技术，餐厅须作简单的布置，以标准的程序为宾客服务。消费在中等水平。

3. 普通宴会：选用鸡、鸭、鱼、肉等一般原料制作菜肴，以套菜为主，使用一般的餐具，餐厅也无须特殊布置和高规格的服务。普通宴会是一种非常适合大众的宴请形式，既经济实惠，又能达到主办人的愿望。

按宴会主题分为商务宴会、喜宴、寿宴、迎送宴会、答谢宴会。按宴请的时间分为早宴、午宴、晚宴等。

三、宴会的特点

特点一：用餐讲究礼节化。

特点二：服务讲究规格化。

特点三：菜肴讲究精细化。

四、宴会预订

1．宴会预订单

宴会销售部在接受客户预订时，应将具体洽谈好的细节填写在宴会预订单上，以备组织实施。宴会预订单（示例）见表 A-1。宴会预订单的设计应根据酒店实际情况来决定项目。一般应包括下列项目。

表 A-1　宴会预订单（示例）

预订编号：＿＿＿＿＿＿

<table>
<tr><td>宴会名称</td><td>宴会形式</td><td>宴会时间</td><td>宴会地点</td><td>宴会标准</td></tr>
<tr><td></td><td></td><td></td><td></td><td></td></tr>
<tr><td>预订桌数</td><td>预付订金</td><td>付款方式</td><td>联系人姓名</td><td>联系电话</td></tr>
<tr><td></td><td></td><td></td><td></td><td></td></tr>
<tr><td colspan="2">菜单：（如菜单有变，双方均需提前两天）
＿＿＿＿＿＿　＿＿＿＿＿＿
＿＿＿＿＿＿　＿＿＿＿＿＿
＿＿＿＿＿＿　＿＿＿＿＿＿
＿＿＿＿＿＿　＿＿＿＿＿＿
＿＿＿＿＿＿　＿＿＿＿＿＿</td><td colspan="3">台形设计图：</td></tr>
<tr><td colspan="2">具体要求：
＿＿＿＿＿＿
＿＿＿＿＿＿
＿＿＿＿＿＿
＿＿＿＿＿＿
＿＿＿＿＿＿
＿＿＿＿＿＿</td><td colspan="3">特殊要求：</td></tr>
<tr><td colspan="5">备注：</td></tr>
</table>

（1）举办宴会的日期、时间。

（2）预订人的姓名、联络电话、地址、单位名称。

（3）宴请对象、活动内容。

（4）出席人数。

（5）计划安排的宴会厅名称，布置要求。

（6）菜单项目、酒水要求。

（7）收费标准及付款方式。

（8）注意事项。

（9）接受预订的时间，经办人姓名。

以下宴会预订单供参考。

2．宴会协议书

宴会协议书是酒店与客户签订的协议书，双方均应如约履行其各项条款。

下面是一份宴会协议书的格式供参考。

宴会协议书（示例）

本协议是由__________酒店（地址：______________________电话：________）与____________公司（地址：______________________电话：________）为举办宴会活动所达成。

具体条款：

活动日期________________时间________________活动地点________________

菜单计划________________饮料________________娱乐设施________________

结账事项________________预付订金____________其他____________________

注意事项：

1．宴会活动所有酒水应在餐厅购买。

2．大型宴会预收10%订金。

3．所有费用在宴会结束时一次付清。

4．本协议未尽事宜本着双方友好协商解决。

预订人签名：

酒店经手人签名：

年　　月　　日

3．宴会安排日记簿

宴会安排日记簿是酒店根据宴会活动场所设计的，其作用是记录预订情况，供预订员核查。每个预订员在受理预订时，在问清宾客宴请日期、时间、人数、形式之后，从宴会安排日记簿上查明各餐厅的状况，然后在日记簿上填写有关事项。如此时该餐厅无接纳能力，应向宾客解释清楚，可另想办法或婉言谢绝，但销售员应尽自己所能安排在本酒店举办宴请活动。

宴会安排日记簿一日一页。主要项目有宴请时间、客户电话号码、人数和宴会厅名称、活动名称等。

下面提供两份宴会安排日记簿供参考，分别见表 A-2、表 A-3。

表 A-2　宴会安排日记簿

_________年______月_______日　　星期_________

厅房	预订	确定	时间	宴会形式	人数	联系人地址、电话	特别要求
A 厅			早				
			中				
			晚				
B 厅			早				
			中				
			晚				

表 A-3　宴会安排日记

_________年______月_______日　　星期_________

A 厅	B 厅	C 厅
早：宴会名称_____人数______ 时间_____时至_____时 联系人_____电话_____ 公司名_____收费_____ 预订员________	早：宴会名称_____人数______ 时间_____时至_____时 联系人_____电话_____ 公司名_____收费_____ 预订员________	早：宴会名称_____人数______ 时间_____时至_____时 联系人_____电话_____ 公司名_____收费_____ 预订员________

续表

A厅	B厅	C厅
中：宴会名称_____人数______ 时间_____时至_____时 联系人_____电话_____ 公司名_____收费_____ 预订员________	中：宴会名称_____人数______ 时间_____时至_____时 联系人_____电话_____ 公司名_____收费_____ 预订员________	中：宴会名称_____人数______ 时间_____时至_____时 联系人_____电话_____ 公司名_____收费_____ 预订员________
晚：宴会名称_____人数______ 时间_____时至_____时 联系人_____电话_____ 公司名_____收费_____ 预订员________	晚：宴会名称_____人数______ 时间_____时至_____时 联系人_____电话_____ 公司名_____收费_____ 预订员________	晚：宴会名称_____人数______ 时间_____时至_____时 联系人_____电话_____ 公司名_____收费_____ 预订员________

注：没有确定的预订用铅笔填写，确定后改用碳素笔记录。如果需要A、B两个厅房打通使用，则用横线在图上用双头箭号“←→”连接A与B，以便安排。

4．宴会变更通知单

在宴会预订单发往各部门后，客户如提出临时变动，宴会部应迅速填写“宴会更改通知单”送交有关部门。

宴会变更通知单见表A-4。

表A-4　宴会变更通知单

<table>
<tr><td colspan="2">发送日期：　　　年　　月　　日</td></tr>
<tr><td>宴会名称：</td><td>宴会日期：</td></tr>
<tr><td>宴会预订单编号：</td><td>联系人及电话：</td></tr>
<tr><td colspan="2">□变更项目　　　　原案　　　　修订为
日期
时间
人数/桌数
场地</td></tr>
</table>

续表

餐价 其他变更项目 □增加项目   宴会部负责人：________

五、宴会设计

（一）宴会厅布局

1．环境布置

（1）中餐宴会厅的环境布置

中餐宴会厅堂布置的原则是庄重、整齐、清洁、美观大方，提供给宾客舒适愉快的就餐环境。

中餐宴会大多在具有中式建筑风格的宴会厅举行。中式建筑可分为宫殿式和园林式两种。宫殿式建筑是以中国传统建筑风格为模式，外观庄严雄伟，内部多为雕梁画栋、彩绘宫灯、富丽堂皇。园林式建筑风格的宴会厅中有山石、流水、亭台楼阁，具有江南居民幽雅僻静的格调。目前有很多餐厅通过背景屏幕或屏风体现宴会主题。

中餐宴会使用圆桌，餐桌的设计与摆放应根据宴请单位的要求、餐厅的具体形状、餐厅内陈设的特点来设计。基本要求是合理利用宴会厅的场地，表现出主办单位的用意，使之充分体现出宴请的礼仪规格。

餐桌的设计要求是突出主桌，第一桌一般为主桌，其他餐桌排列整齐，间隔适当，既要方便宾客进出，又要方便餐厅服务员席间服务。通常建议桌间间隔距离为2 m左右。人数多的宴请，宴会厅要留有主通道及辅通道。主通道宜宽敞些，一般可视宴会场地的情况设在1.5～2 m之间，辅通道应为1.2 m为宜，同时主通道应铺有红地毯，以示庄重。示例见图A-1。

（2）西餐宴会厅的环境布置

西餐宴会厅通常是大小不同的多功能厅，利用多功能厅的活动隔板调整格局，以适应不同宴会宾客的需求。高档的西餐宴会，根据其人数的不同，宴会厅的规模往往不同。

高档餐厅中，宾客就餐的座椅应宽大舒适。因此，餐台多采用较大的方桌或长方桌，并且餐台应设2、4、6、8人不等。由于高档餐厅很注重现场制作和当面表演，因此，法式餐厅需要各种手推餐、酒车，餐厅需要较大的空间，餐台通道要宽。

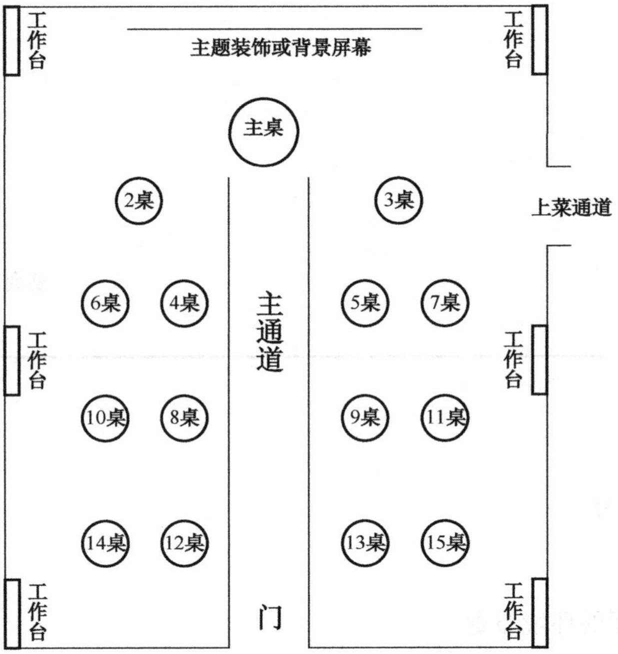

图 A-1　中餐宴会台形布局（示例）

举办西餐宴会，应在具有西方建筑风格的宴会厅内进行。宴会厅的布置同样应本着庄重、整齐、协调、清洁、美观大方的原则。古典英式宴会厅内的典型特征是有深色的护墙板，墙面与壁炉的装饰协调，宴会厅内的家具以典雅、端庄、简明的直线为造型的主基调。现在很多中国化的西餐厅以简洁大方的现代风格为主调。

西餐宴会在厅堂的布置上始终保留着传统的做法。一是餐桌的使用与摆放形式，西餐宴会一般使用长台、椭圆形台，人数多的情况下也采用圆桌。同时根据宴会的人数等情况也可摆其他不同的台形。宴会无论选择哪种台形均要求在布置中体现出庄重、美观大方，家具摆放整齐、对称、平稳。二是宴会厅的光线照明，一般西餐宴会厅要求随时对其光线的强弱给予调整，同时在餐台上布置有蜡台，当宴会开始时点燃蜡烛，烛光给人一种温馨、柔和的感受。三是高档的西餐宴要求有客前烹饪服务。因此在布置厅堂时要留出一定的空间或摆放好客前烹饪所需的餐车和用具。四是西餐餐具的配用要参考菜单内容。酒具的摆布，以选用酒水的种类而定。

2．宴会座次安排

宴会座次安排即根据宴会的性质、主办单位或主人的特殊要求，根据出席宴会的宾客身份确定其相应的座位。座次安排必须符合礼仪规格，尊重风俗习惯，便于席间服务。

（1）中餐 10 人正式宴会座次安排

台面置于厅堂正面，主人位于正对门的方向，对面坐副主人。主人的右、左两侧分别安排主宾和副主宾，副主人的右、左两侧分别安排第三宾、第四宾的座次，主宾、第三宾的右侧为翻译的座次。有时，主人的左侧是第三宾、副主人的左侧是第四宾，其他座位是陪同翻译席。示例见图 A-2。

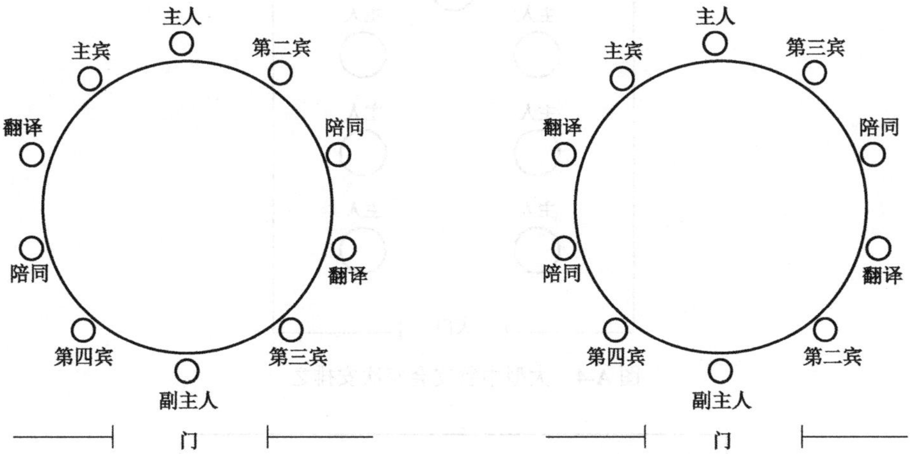

图 A-2　10 人正式宴会座次安排（示例）

（2）中餐婚宴、寿宴的座次安排

应遵循中国传统的礼仪和风俗习惯，其一般原则是“高位自上而下，自右而左，男左女右”。通常婚宴男女主人并肩坐末座，男女成双成对自右而左，男左女右。寿宴主人坐末座，首席为主宾位高位自上而下，自右而左。示例见图 A-3。

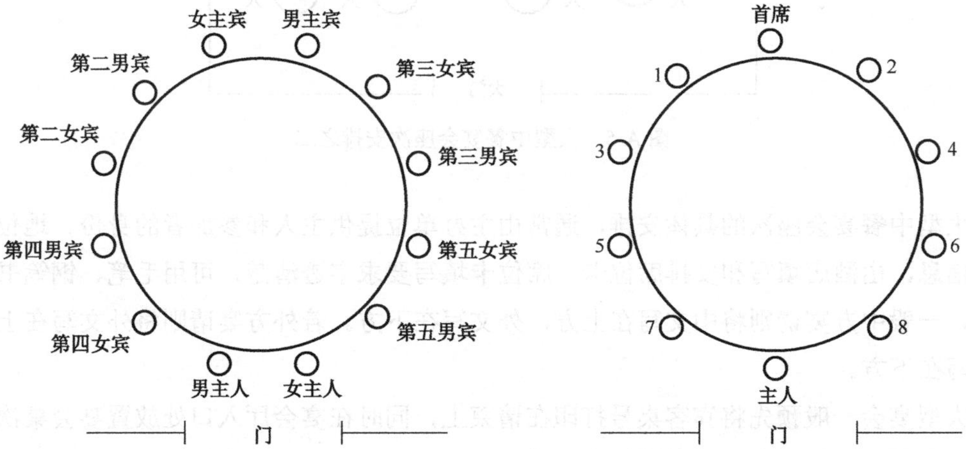

图 A-3　婚宴、寿宴的座次安排（示例）

（3）中餐大型宴会座次安排

重点是确定各桌的主人位。以主桌主人位为基准点，各桌主人位的安排有两种方法。

① 各桌主人位置与主桌主人位置相同并朝向同一个方向（见图 A-4）。

② 各桌主人位置与主桌主人位置遥相呼应（见图 A-5）。

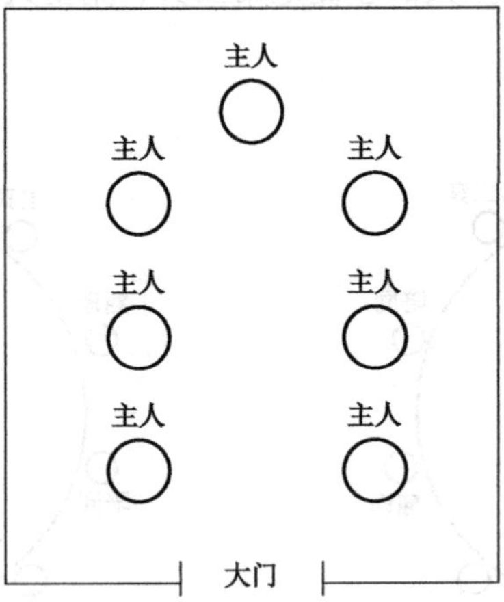

图 A-4　大型中餐宴会座次安排之一

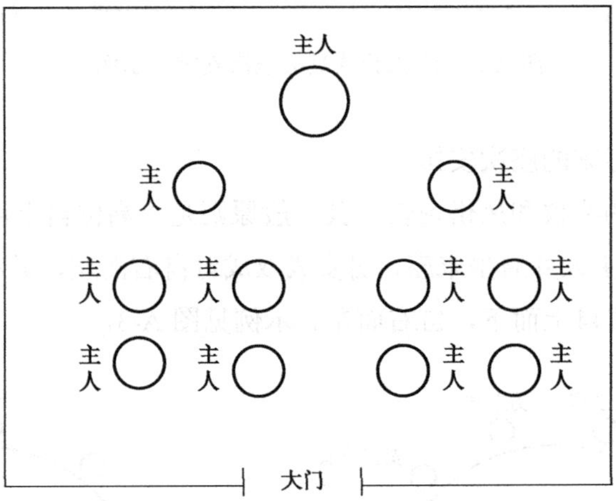

图 A-5　大型中餐宴会座次安排之二

大型中餐宴会座次的具体安排，通常由主办单位提供主人和参加者的身份、地位、年龄等信息，由酒店填写和安排席位卡。席位卡填写要求字迹清楚，可用毛笔、钢笔书写或打印，一般中方宴请则将中文写在上方，外文写在下方。若外方宴请则将外文写在上方，中文写在下方。

大型宴会一般预先将宾客桌号打印在请柬上，同时在宴会厅入口处放置宴会桌次安排平面示意图，以便宾客抵达时根据告示牌上的平面示意图、请柬上的桌号和座次卡迅速找到自己的座位。

（4）西餐宴会座次安排

西餐宴会的座位安排也应遵循“高近低远”的原则。

① “一”字形台的席位安排有两种方式，分别如图 A-6 所示。

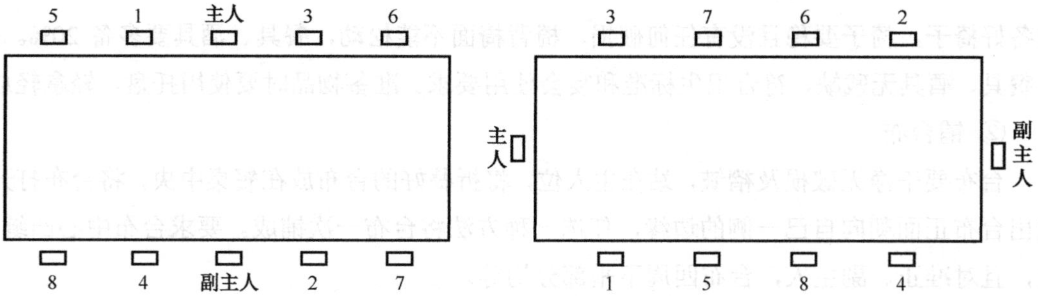

图 A-6 “一”字形台的席位安排图

② 其他台形的座位安排

与图 A-6 所示相似，大都是主人坐在餐台中央，主宾在主人右侧，他们面对其他来宾而坐，其他来宾距主人越近，则表示其身份、地位越高。

（二）宴会餐台布置

宴会餐台应根据宴会的主题装饰布置，原则上要美观大方、主题鲜明、方便就餐和服务便利。

1．摆放餐台

（1）中餐宴会摆台程序及要求

中餐宴会摆台（示例）见图 A-7。

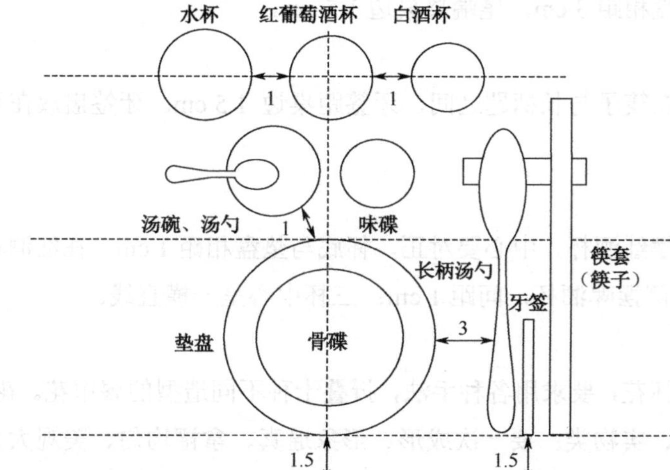

图 A-7 中餐宴会摆台（示例）

① 物品准备

准备宴会摆台需要的桌椅、各种餐具、酒具和物品，桌子不得有破损。根据宴会人数准备好椅子，椅子要稳且没有任何破损，椅背椅面不能松动，餐具、酒具要多备 20%。所备餐具、酒具无残缺、符合卫生标准和宴会使用要求。准备物品时要使用托盘，轻拿轻放。

② 铺台布

台布要干净无破损及褶皱，站在主人位，将折叠好的台布放在餐桌中央，将台布打开，找出台布正面朝向自己一侧的边缘，任选一种方法将台布一次铺成。要求台布中心凸缝向上，且对准正、副主人，台布四周下垂部分均等。

③ 摆放转台

在规定的位置，将转台摆放在餐桌的中央，转盘的中心和圆桌的中心重合，转盘边沿离桌边均匀，误差不超过 1 cm，并试转转盘是否旋转顺畅。

④ 摆垫盘、骨碟

从主人位开始，按顺时针方向摆放，先摆垫盘，骨碟放置在垫盘上。图案对正（店徽在上方），摆放距离均等，距桌边 1.5 cm。

⑤ 汤碗、摆汤匙、味碟

汤碗置放于骨碟左上方，与垫盘间距 1 cm，汤匙柄朝左。味碟摆在汤碗右侧。

⑥ 摆筷架、筷子

筷架放于味碟的右侧，将带筷套的筷子放在筷架上，筷套图案向上，以出筷架 1/3 为准，筷子尾部距桌边 1.5 cm，筷子与垫盘相距 3 cm 并与垫盘中心线平行。若使用多用筷架和长柄匙，应在垫盘正前方摆味碟，间距 1 cm，筷架放于味碟右侧，将筷子、长柄匙置于筷架上，匙柄与垫盘相距 3 cm，尾端离桌边 1.5 cm。

⑦ 摆牙签

袋装牙签，放在筷子与长柄匙之间，牙签距桌边 1.5 cm。牙签盅放在正、副主人筷子的右上方。

⑧ 摆酒具

在垫盘正前方摆红酒杯，中心要对正，杯底与垫盘相距 1 cm。在红酒杯的右侧摆白酒杯，间距 1 cm，左侧摆啤酒杯，间距 1 cm；三杯中心呈一横直线。

⑨ 叠餐巾花

餐巾折花多用杯花，要求用各种手法，折叠十种不同造型的餐巾花。花形要分出主次，花形为植物、动物、实物类；要一次成形、形象逼真、拿褶均匀、美观大方，并符合卫生要求。折花完毕按要求放入水杯中，花形按照主次宾客位置摆放得当。

现在也有些酒店中餐摆台选用简洁卫生的盘花。

（2）西餐宴会摆台程序及要求

西餐宴会摆台（示例）见图 A-8，西餐宴会摆台——整体台面效果见图 A-9。

① 铺设台布

在餐桌两侧侧铺，操作动作规范，台布中凸线向上，两块台布中凸线对齐。两块台布重叠5 cm。主人位方向台布交叠在副主人位方向台布上。台布四边下垂均等。

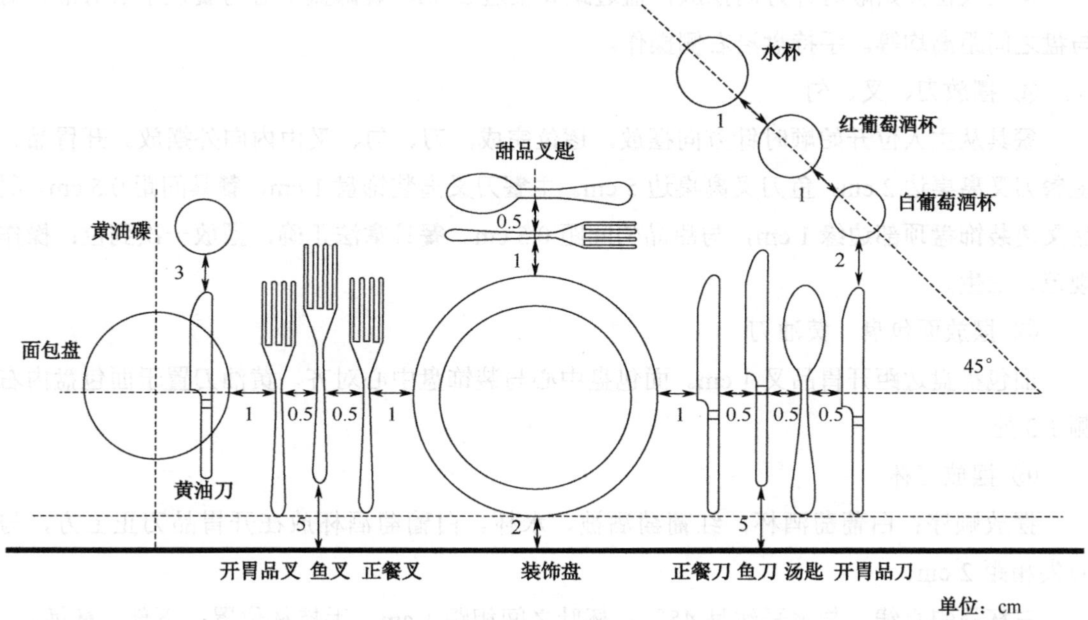

图 A-8　西餐宴会摆台（示例）

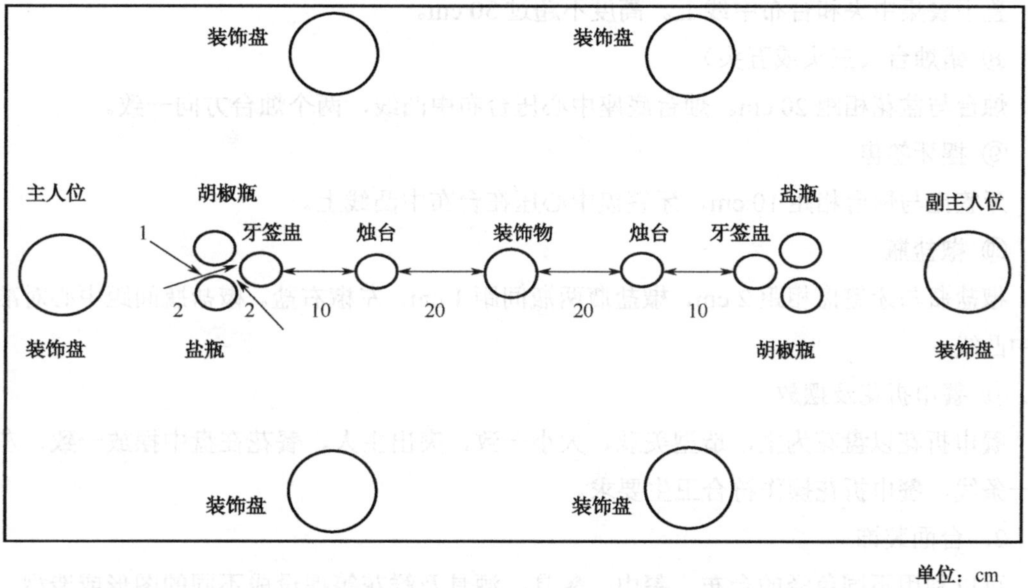

图 A-9　西餐宴会摆台——整体台面效果

② 席椅定位

操作从席椅正后方进行，从主人位开始按顺时针方向摆设，席椅之间距离基本相等，相对应的席位椅背中心对准，椅面边沿与下垂台布相距1 cm。

③ 摆装饰盘

从主人位开始顺时针方向摆放，盘边距离桌边 2 cm，装饰盘中心与餐位中心对准，盘与盘之间距离均等。手持盘沿右侧操作。

④ 摆放刀、叉、勺

餐具从主人位开始顺时针方向摆放，逐位完成。刀、勺、叉由内向外摆放。开胃品、主餐刀叉离桌边 2 cm，鱼刀叉离桌边 5 cm。主餐刀叉离装饰盘 1 cm，餐具间距 0.5 cm。甜品叉离装饰盘顶部边缘 1 cm，与甜品勺间距 0.5 cm。餐具拿法正确，摆放一次到位；操作规范、卫生。

⑤ 摆放面包盘、黄油刀

面包盘盘边距开胃品叉 1 cm。面包盘中心与装饰盘中心对齐。黄油刀置于面包盘内右侧 1/3 处。

⑥ 摆放三杯

摆放顺序：白葡萄酒杯，红葡萄酒被，水杯。白葡萄酒杯放在开胃品刀正上方，与刀尖相距 2 cm。

三杯呈斜直线，与水平线呈 45°，杯肚之间相距 1 cm，手持杯位置：下部、杯柄。

⑦ 摆盆花（插花或装饰物）

置于餐桌中央和台布中线上。高度不超过 30 cm。

⑧ 蜡烛台（三头或五头）

烛台与盆花相距 20 cm。烛台底座中心压台布中凸线，两个烛台方向一致。

⑨ 摆牙签盅

牙签盅与烛台相距 10 cm，牙签盅中心压在台布中凸线上。

⑩ 椒盐瓶

椒盐瓶与牙签盅相距 2 cm，椒盐瓶两瓶间距 1 cm，左椒右盐。椒盐瓶间距中心对准台布中凸线。

⑪ 餐巾折花及摆放

餐巾折花以盘花为主，造型美观、大小一致，突出主人，餐花在盘中摆放一致，左右成一条线，餐巾折花操作符合卫生要求。

2．台面装饰

可以利用不同色泽的台布、餐巾、餐具、酒具及鲜花等摆设成不同的图形或造型。用实物装点美化餐台，也可将餐台布置成别具一格的形状。如单桌宴会，可利用冷盘进行餐台设计，不同的冷荤拼摆可设计出不同的宴会主题。如寿宴可拼“寿”字图。实物餐台的设计与装饰除了可利用冷荤拼摆外，面点、水果等也可同时使用。另外，利用适当的物品如棉织品、丝织品、工艺品、鲜花、果蔬、器皿等均可进行装饰。中餐宴会台面装饰（示例）见图 A-10。

图 A-10　中餐宴会台面装饰（示例）

（三）宴会菜单

中餐宴会菜单是根据宴会的主题、规格档次、收费标准、来宾国籍、宗教信仰、生活习惯、口味特点和宴请单位或个人的要求等编排的。在提供更加合理、健康、安全的菜肴的同时，要体现中国特色，弘扬中国饮食文化。其示例见图 A-11。

图 A-11　宴会菜单封面（示例）

中餐宴会餐单要求封面设计精美，菜肴精致、菜肴名称与主题相符，菜单字迹大方美观，封面或封底应有酒店地址、联系电话及宣传资料，可以作为纪念品让参加宴会的宾客带走。有些宴会，如婚宴、寿宴等可以根据原料的特征、谐音和寓意进行设计，表达喜庆美满、祝愿吉祥的主题思想。

精心设计的菜单，既能为参加宴会的宾客提供宴会菜肴品种、上菜顺序等信息，也能给宾客留下美好的回忆，同时起到宣传的作用。

六、宴会服务

1．中式宴会服务

宴会服务可分为四步：准备工作、迎宾工作、就餐服务、收尾工作。

（1）准备工作：做到“八知、三了解”

八知：知台数，知人数，知宴会标准，知开餐时间，知菜式品种及出菜顺序，知主办单位或房号，知收费办法，知邀请对象。

三了解：了解宾客风俗习惯，了解生活忌讳，了解特殊要求。

按照宴会要求布置场地，如摆放花篮、条幅等。按照宴会要求准备好餐具，酒水、饮料；检查餐具是否整洁，有无破损，桌椅是否整洁，地面是否清洁等；宴会开餐前 30 min 领取酒水，提前 20 min 上桌，提前 10 min 上凉菜。中餐宴会场景示例见图 A-12。

图 A-12　中式宴会场景（示例）

（2）迎宾工作

① 站立于岗位，站姿优美。

② 宾客到达时，服务员面带微笑、热情问候。

（3）就餐服务

① 拉椅让座，观察谁是宾客，谁是主宾。

② 倒茶水，上毛巾、铺餐巾、撤筷套。

③ 征询宾客意愿，斟倒酒水。

④ 征询主人意见，上菜。

⑤ 撤茶杯、撤空盘。

⑥ 征询宾客味道是否合适。

⑦ 三勤服务：勤换骨碟、毛巾、勤撤空杯、空碗，勤倒酒、饮料、茶水。

⑧ 征询宾客是否添加菜品，征询宾客对菜品的意见反馈。

⑨ 清洁桌面，保持台面清洁。

⑩ 撤剩余菜品，上水果，倒茶水。

⑪ 退剩余酒水。

⑫ 结账工作。

（4）收尾工作

① 宾客离开为其拉椅，提醒携带随身物品。

② 检查桌面、地面是否遗留物品。

③ 欢送宾客离开。

④ 按收台顺序收台；先收布草、玻璃器皿，后收餐具。

⑤ 翻台，恢复台面，清洁。

2．西式宴会服务

（1）西式宴会服务要求

事先定好菜单、人数和时间，多用美式摆台及服务方式。摆台要求吃什么菜摆什么餐具。第一道为冷菜，要在宾客入座前放在桌上，同时在水杯内斟上冰水，把黄油放在黄油盘内，把盛面包的篮子放在桌上，等宾客全部吃完后一起撤去用过的盘，然后整桌一起上下一道菜，最后撤去全部盘子，才上咖啡、茶。酒水服务是吃什么菜，上什么酒，喝什么酒，用什么杯。一般白葡萄酒要冷藏。

（2）西餐常见的服务方式有法式服务、俄式服务、美式服务、英式服务等。西式宴会场景（示例）见图 A-13。

图 A-13　西式宴会场景（示例）

① 法式服务

法式服务是由西查·李兹于 20 世纪初发明的一种用于豪华酒店的服务方式，故又称“李兹服务”。法式服务是一种周到的服务方式，由两名服务员共同为一桌宾客服务。其中一名为经验丰富的专业服务员，另一名为服务员助手。两人一组相互帮助。

法式服务上菜主要用手推车，服务员在宾客面前进行烹制表演或切割装盘，服务员助手用右手从宾客右侧送上每一道菜。黄油、面包、汁酱和配菜应从宾客左侧送上，等一桌的宾客都用完后，从宾客右侧用右手撤盘。

法式服务的特点是讲究礼节，注重在宾客面前进行切割和燃焰表演，能吸引宾客的注意力和烘托餐厅气氛。每位宾客都能得到充分的照顾。但服务节奏缓慢，需配备足够的人力，用餐费用较高，空间利用率和餐位周转率比较低。

② 俄式服务

俄式服务起源于俄国，在拿破仑战争时期，在欧洲大陆初次出现。当时欧洲以英式服务和法式服务为主，俄式服务因其简单而且速度快，马上显示了它的优越性，立即成为皇宫中最受欢迎的服务方式。目前，有些豪华酒店也采用这种服务方式。

俄式服务通常由一名服务员为一桌宾客服务。厨房出菜前，服务员先用右手从宾客右侧顺时针送上空盘，冷菜用冷盘子，热菜用加温过的餐盘。然后从厨房中将装好菜肴的大银盘托到宾客餐桌旁，站立于宾客左侧，用右手从宾客左侧逆时针分菜。服务酒水和撤盘都在宾客右侧操作。

俄式服务的特点是讲究优美文雅的风度，服务效率和空间利用率都较高，节省人力，大多使用银盘可增添餐桌的气氛，且每位宾客都能得到较周到的服务。俄式服务主要用于西餐宴会服务。

③ 英式服务

英式服务又称家庭式服务。服务员先将加温后的空盘放在主人面前，再将装着整块食物的大盘从厨房中拿到餐桌旁，并放在主人面前，由主人亲自动手切肉装盘并配上蔬菜。服务员把装好的菜肴依次端送给每一位宾客。调味品和配菜都摆放在餐桌上，由宾客自取或相互传递。

英式服务的特点是家庭味很浓，许多工作由宾客自己动手，且节奏缓慢，不适合酒店西餐厅使用。因此在欧美各旅游酒店已不再使用。

④ 美式服务

美式服务又称“盘子服务”，即食物在厨房由厨师按宾客数分别装盘，每人一份，服务员直接端着送给宾客。上菜时在宾客右侧进行操作，用右手从宾客右侧送上，撤盘时也从右侧进行。

美式服务的特点是便捷，效率高，餐具成本低，用工少，空间利用率及餐位周转率都十分高。由于各项成本费用降低，用餐费用也相对较低。除了因缺乏表演性而不能烘托气氛外，美式服务是较为理想的服务方式。

附录B

餐厅服务常用礼貌用语中英文对照

一、基本礼貌用语

1. 迎宾送客

Hello. Welcome （to ×）
您好！欢迎光临。

Good morning! / Good afternoon! / Good evening! Sir / Madam（Mr. × / Ms. ×）Welcome
先生/女士（×先生/×女士）您好！欢迎光临。
早上好！/中午好！/晚上好！

Long time no see, welcome again.
多日不见，欢迎再次光临。

This way, please.
请这边走。

Goodbye! Looking forward to your next visit.
再见！欢迎下次光临。

Hope to see you again.
希望能再次见到您。

Take care, please.
请慢走。

2. 应答用语

You're welcome. / Sure.
不必客气。

Thank you very much.
非常感谢。

OK. Just a moment, please.
好的，您稍等。

My pleasure, this is what I should do!
没关系，这是我应该做的！

3. 征询用语

What can I do for you?
请问我能为您做什么吗？

What else do you need?
请问还需要什么吗？

May I … , if you don't mind.
如果您不介意，我可以……吗？

4. 道歉用语

I'm sorry, please forgive me.
对不起，请原谅。

Excuse me. / Sorry for disturbing you.
对不起，打扰您了。

Sorry to have kept you waiting.
对不起，让您久等了。

Sorry, wait a minute, please. It will be ready soon.
对不起，请稍等，马上就好！

5. 婉转推托

Thank you for your kindness, but…
感谢您的好意，可是……

It's a pity that I didn't help you.
真遗憾，我没帮上你。

6. 喜庆活动

Happy birthday!
生日快乐！

Would you like your birthday cake now?
请问现在要上生日蛋糕吗？

Best wishes for your happy marriage!
衷心祝福你们新婚快乐！

二、服务过程用语

1. 迎宾引座时

Good morning, sir/madam, welcome to our restaurant. How many people are in your party?
早上好，先生/女士，欢迎来我们餐厅用餐。请问共几位？

Welcome, how many are you? follow me, please.
欢迎您！请问几位？请随我来。

Good morning /afternoon/evening, have you got a reservation?
您好，请问有预订吗？

Would you like to sit here?
坐这张餐桌可以吗？

Wait a minute, please. I'll arrange it for you right away.
请稍候，我马上为您安排。

Sorry for waiting so long! The table is ready for you.
对不起让您久等了！餐桌已经为您准备好了。

Sorry, that table has been reserved. How about the table by the window?
对不起，那张餐桌已经预订了。那张靠窗的桌子怎么样？

Please take your seat and look at the menu first. I'll come around to take your order a moment later.
请坐，您先看菜单，我过几分钟来为您点菜。

2. 接受点菜时

May I take your order now, sir/madam?
请问先生/女士，现在可以为您点菜吗?

Would you like to try today's special?
您是否有兴趣品尝今天的特色菜?

What kind of fish do you like?
您喜欢吃哪种鱼？

…is the signature dish in our restaurant. They are palatable and good to taste.
……菜肴是我们餐厅的主打菜肴，鲜美可口，值得一尝。

May I arrange some fast food for you if you are in a hurry?
如果您赶时间，我给您安排一些快餐好吗?

This dish will take a long time to prepare. Could you wait a little longer?
这道菜烹饪时间较长，您可以多等吗?

You have already ordered …
您点的菜是……

Could you tell me what else you need? / anything else?
请问您还需要什么吗?

3. 上菜服务中

May I serve your dinner now?
现在为您上菜可以吗?

Excuse me, step aside, please.
对不起，请让一让。

I'm sorry, I've served you the wrong dish.
对不起，我把您的菜上错了。

OK, I'll call the kitchen right away. / I'll inform the kitchen immediately.
好的，我马上通知厨房。

I'm really sorry. Shall we cook it for you again?
实在对不起，我们重新为您做一下好吗？

I'm sorry to have kept you waiting for this dish because it takes a long time to cook.
真对不起，这道菜烹饪时间较长，让您久等了。

Everyone, the dishes are ready. Would you like anything else?
各位，菜已上齐请问还要点什么吗？

OK, I'll get in touch with the chef and you'll be satisfied.
好的，我跟厨师联系一下，会使您满意的。

4. 餐间服务时

Sir / madam, your dishes are ready. Please enjoy your meal.
先生/女士，您的菜上齐了，请慢用。

Please have some fresh fruit and hot tea.
请用些新鲜水果和热茶。

Would you like something to drink ?
您是否还需要些饮料?

Would you like something else?
您喜欢再加点别的吗?

Sorry, I'll let you know right away.
对不起，我马上问清楚后告诉您。

Can I help you with a meal?
我可以帮您分菜吗?

Please let me serve the fish for you.
请让我来为你们分鱼。

Excuse me, can I change the dishes for you?
打扰一下，我能为您更换餐碟吗？

Can I help you?
我可以为您服务吗?

Sorry to bother you.
对不起，打扰您了。

Thank you for your cooperation.
谢谢您的合作。

5. 结账送客时

Here is your bill. Please check it.
这是您的账单，请核对一下。

The total amount is 100 Yuan. / That comes to 100 yuan.
您的账单总计 100 元。

How would you like to pay, in cash or online?
请问您如何付款，用现金还是网络支付？

Here is the change for you, sir / madam. Please keep it!
先生/女士，这是找给您的零钱，请收好！

I hope enjoy your meal tonight.
希望您晚餐吃得满意。

Please give us more valuable advice on our service and dishes.
请您对我们的服务和菜肴多提宝贵意见。

Thank you very much for your advice.
非常感谢您的建议。

Goodbye and welcome again.
再见，欢迎您再次光临。

参 考 文 献

[1] 郭敏文，樊平．餐饮服务与管理[M]．北京：高等教育出版社，2001.

[2] 李国茹，杨春梅．餐饮服务与管理[M]．北京：中国人民大学出版社，2007.

[3] 汪春蓉．餐饮服务教程[M]．成都：四川大学出版社，2004.

[4] 陈觉．餐饮服务要点及案例评析[M]．沈阳：辽宁科学技术出版社，2004.

[5] 宋亦瑞．西餐服务员手册[M]．3 版．北京：旅游教育出版社，2006.

[6] 姜文宏，王焕宁．餐厅服务技能综合实训[M]．北京：高等教育出版社，2004.

[7] 饶雪梅．餐饮服务实训教程[M]．北京：科学出版社，2007.

[8] 田均平．餐饮店员服务流程规范[M]．北京：中国世代经济出版社，2007.

[9] 叶伯平，鞠志中，邸琳琳．宴会设计与管理[M]．北京：清华大学出版社，2007.

[10] 姜玲，贺湘辉．中餐服务员工作手册[M]．广州：广东经济出版社，2007.

[11] 姜玲，贺湘辉．西餐服务员工作手册[M]．广州：广东经济出版社，2007.

[12] 姜玲，贺湘辉．宴会服务员工作手册[M]．广州：广东经济出版社，2007.

[13] 曾郁娟．宾客应对技巧[M]．北京：中国物资出版社，2007.

[14] 劳动和社会保障部中国就业培训技术指导中心．餐厅服务员[M]．北京：中国劳动社会保障出版社，2002.